ŒUVRES

DE

GEORGE SAND

LES DAMES VERTES

MICHEL LÉVY FRÈRES, ÉDITEURS

ŒUVRES COMPLÈTES

DE

GEORGE SAND

FORMAT GRAND IN-18

Imprimerie Eugène Heutte et Ce, à Sait-Germain.

LES
DAMES VERTES

PAR

GEORGE SAND

NOUVELLE ÉDITION

M · L

PARIS
MICHEL LÉVY FRÈRES, ÉDITEURS
RUE AUBER, 3, PLACE DE L'OPÉRA

LIBRAIRIE NOUVELLE
BOULEVARD DES ITALIENS, 15, AU COIN DE LA RUE DE GRAMMONT

1875

LES

DAMES VERTES

I

LES TROIS PAINS

Chargé par mon père d'une mission très-déli-
cate, je me rendis, vers la fin de mai 1788, au
château d'Ionis, situé à une dizaine de lieues
dans les terres, entre Angers et Saumur

J'avais vingt-deux ans, et j'exerçais déjà la
profession d'avocat, pour laquelle je me sentais

peu de goût, bien que ni l'étude des affaires ni celle de la parole ne m'eussent présenté de difficultés sérieuses. Eu égard à mon âge, on ne me trouvait pas sans talents; et le talent de mon père, avocat renommé dans sa localité, m'assurait, pour l'avenir, une brillante clientèle, pour peu que je fisse d'efforts pour n'être pas trop indigne de le remplacer. Mais j'eusse préféré les lettres, une vie plus rêveuse, un usage plus indépendant et plus personnel de mes facultés, une responsabilité moins soumise aux passions et aux intérêts d'autrui.

Comme ma famille était dans l'aisance, et que j'étais fils unique, très-choyé et très-chéri, j'eusse pu choisir ma carrière; mais j'eusse affligé mon père, qui s'enorgueillissait de sa compétence à me diriger dans le chemin qu'il m'avait frayé d'avance, et je l'aimais trop tendrement pour vouloir faire prévaloir mes instincts sur ses désirs.

Ce fut une soirée délicieuse que celle où
j'achevais cette promenade à cheval à travers les
bois qui entourent le vieux et magnifique château d'Ionis. J'étais bien monté, vêtu en cava-
lier avec une sorte de recherche, et accompagné
d'un domestique dont je n'avais nul besoin, mais
que ma mère avait eu l'innocente vanité de me
donner pour la circonstance, voulant que son
fils se présentât convenablement chez une des
personnes les plus brillantes de notre clientèle.

La nuit s'éclairait mollement du feu doux de
ses plus grandes étoiles. Un peu de brume voi-
lait le scintillement de ces myriades d'astres
secondaires qui clignotent comme des yeux ar-
dents durant des nuits claires et froides. Celle-ci
offrait un vrai ciel d'été, assez pur pour être
encore lumineux et transparent, assez adouci
pour ne pas effrayer de son incommensurable
richesse. C'était, si je peux ainsi parler, un de
ces doux firmaments qui vous permettent de

penser encore à la terre, d'admirer les lignes
vaporeuses de ses étroits horizons, de respirer
sans dédain son atmosphère de fleurs et d'her-
bages, enfin de se dire qu'on est quelque chose
dans l'immensité et d'oublier que l'on n'est qu'un
atome dans l'infini.

A mesure que j'approchais du parc seigneu-
rial, les sauvages parfums de la forêt s'impré-
gnaient de ceux des lilas et des acacias qui pen-
chaient leurs têtes fleuries au-dessus du mur de
ronde. Bientôt, à travers les bosquets, je vis
briller les croisées du manoir, derrière leurs
rideaux de moire violette, coupés des grands
croisillons noirs de l'architecture. C'était un
magnifique château de la renaissance, un chef-
d'œuvre de goût mêlé de caprice, une de ces
demeures où l'on se sent impressionné par je
ne sais quoi d'ingénieux, d'élégant et de hardi
qui, de l'imagination de l'architecte, semble
passer dans la vôtre et s'en emparer pour l'éle-

ver au-dessus des habitudes et des préoccupations du monde positif.

J'avoue que le cœur me battait bien fort en
disant mon nom au laquais chargé de m'an-
noncer. Je n'avais jamais vu madame d'Ionis.
Elle passait pour être la plus jolie femme du
pays ; elle avait vingt-deux ans, un mari qui
n'était ni beau ni aimable, et qui la négligeait
pour les voyages. Son écriture était charmante,
et elle trouvait moyen de montrer non-seule-
ment beaucoup de sens, mais encore beaucoup
d'esprit dans ses lettres d'affaires. C'était, en
outre, un très-noble caractère. Voilà tout ce que
je savais d'elle, et c'en était bien assez pour que
j'eusse peur de paraître gauche et provincial.

Je devais être très-pâle en entrant dans le
salon.

Aussi ma première impression fut-elle comme
de soulagement et de plaisir lorsque je me trouvai en présence de deux grosses vieilles femmes

très-laides, dont l'une, madame la douairière d'Ionis, m'annonça que sa bru était chez une de ses amies du voisinage et ne rentrerait probablement que le lendemain.

— Vous êtes quand même le bienvenu, ajouta cette matrone; nous avons beaucoup d'amitié et de reconnaissance pour monsieur votre père, et il paraît que nous avons grand besoin de ses conseils, que vous êtes sans doute chargé de nous transmettre.

— Je venais de sa part pour parler d'affaires à madame d'Ionis...

— La comtesse d'Ionis s'occupe d'affaires, en effet, reprit la douairière comme pour m'avertir d'une bévue commise. Elle s'y entend, elle a une bonne tête, et, en l'absence de mon fils, qui est à Vienne, c'est elle qui suit cet ennuyeux et interminable procès. Il ne faut pas que vous comptiez sur moi pour la remplacer, car je n'y entends rien du tout, et tout ce que je peux

faire, c'est de vous retenir jusqu'au retour de la
comtesse en vous offrant un souper tel quel et
un bon lit.

Là-dessus, la vieille dame, qui, malgré la
petite leçon qu'elle m'avait donnée, paraissait
une assez bonne femme, sonna et donna des
ordres pour mon installation. Je refusai de manger, ayant pris mes précautions en route, et
sachant qu'il n'est rien de plus gênant que de
manger tout seul, sous les yeux de gens à qui
l'on est complétement inconnu.

Comme mon père m'avait donné plusieurs
jours pour m'acquitter de .ma commission, je
n'avais rien de mieux à faire que d'attendre
notre belle cliente, et j'étais, vis-à-vis d'elle et
de sa famille, un envoyé assez utile pour avoir
droit à une très-cordiale hospitalité. Je ne me
fis donc pas prier pour rester chez elle, bien
qu'il y eût un tournebride très-confortable, où
les gens de ma sorte allaient ordinairement at-

tendre le moment de s'entretenir avec les gens
de qualité. Tel était encore le langage des
provinces à cette époque, et il fallait en apprécier les termes et la valeur pour se tenir à sa
place, sans bassesse et sans impertinence, dans
les relations du monde. Bourgeois et philosophe
(on ne disait pas encore démocrate), je n'étais
nullement convaincu de la supériorité morale
de la noblesse. Mais, bien qu'elle se piquât aussi
de philosophie, je savais qu'il fallait ménager ses
susceptibilités d'étiquette, et les respecter pour
s'en faire respecter soi-même.

J'avais donc, un peu de timidité passée, aussi
bon ton que qui que ce soit, ayant déjà vu chez
mon père des spécimens de toutes les classes
de la société. La douairière parut s'en apercevoir au bout de quelques instants, et ne plus se
faire de violence pour accueillir, sinon en égal,
du moins en ami, le fils de l'avocat de la maison.

Pendant qu'elle me faisait la conversation, en

femme à qui l'usage tient lieu d'esprit, j'eus le loisir d'examiner et sa figure et celle de l'autre matrone, encore plus grasse qu'elle, qui, assise à quelque distance et remplissant le fond d'un ouvrage de tapisserie, ne desserrait pas les dents et levait à peine les yeux sur moi. Elle était mise à peu près comme la douairière, robe de soie foncée, manches collantes, fichu de dentelle noire passé par-dessus un bonnet blanc et noué sous le menton. Mais tout cela était moins propre et moins frais; les mains étaient moins blanches quoique aussi potelées; le type plus vulgaire, bien que la vulgarité fût déjà très-accusée dans les traits lourds de la grosse douairière d'Ionis. Bref, je ne doutai plus de sa condition de fille de compagnie, lorsque la douairière lui dit, à propos de mon refus de souper :

— N'importe, Zéphyrine, il ne faut pas oublier que M. Nivières est jeune et qu'il peut

1.

avoir encore faim, au moment de s'endormir.
Faites-lui mettre un ambigu dans son appartement.

La monumentale Zéphyrine se leva ; elle était
aussi grande que grosse.

— Et surtout, lui dit sa maîtresse lorsqu'elle
fut au moment de sortir, qu'on n'oublie pas le
pain.

— Le pain ? dit Zéphyrine d'une petite voix
grêle et voilée qui faisait un plaisant contraste
avec sa stature.

Puis elle répéta :

— Le pain ? avec une intonation bien marquée de doute et de surprise.

— Les pains ! répondit la douairière avec au-
torité.

Zéphyrine parut hésiter un instant et sortit ;
mais sa maîtresse la rappela aussitôt pour lui
faire cette étrange recommandation :

— Trois pains !

Zéphyrine ouvrit la bouche pour répondre, leva tant soit peu les épaules et disparut.

— Trois païns! m'écriai-je à mon tour. Mais quel appétit me supposez-vous donc, madame la comtesse?

— Oh! ce n'est rien, dit-elle. Ils sont tout petits!

Elle garda un instant le silence. Je cherchais un peu ce que je trouverais à lui dire pour relever la conversation, en attendant que j'eusse le droit de me retirer, lorsqu'elle parut en proie à une certaine perplexité, porta la main au gland de la sonnette et s'arrêta pour dire, comme se parlant à elle-même :

— Pourtant, trois pains!...

— C'est beaucoup, en effet, repris-je en réprimant une grande envie de rire.

Elle me regarda, étonnée, ne se rendant pas compte d'avoir parlé tout haut.

— Vous parlez du procès? dit-elle comme

pour me faire oublier sa distraction : c'est beaucoup, ce qu'on nous réclame ! Croyez-vous que
nous le gagnerons ?

Mais elle écouta fort peu mes réponses évasives, et sonna décidément; un domestique vint,
à qui elle demanda Zéphyrine. Zéphyrine revint,
à qui elle parla dans l'oreille; après quoi, elle
parut tranquillisée et se mit à babiller avec moi,
en bonne commère, très-bornée, mais bienveil-
lante et presque maternelle, me questionnant
sur mes goûts, mon caractère, mes relations et
mes plaisirs. Je me fis plus enfant que je n'étais
pour la mettre à son aise ; car je remarquai vite
qu'elle était de ces femmes du grand monde qui
ont su se passer de la plus médiocre intelligence,
et qui n'ont aucun besoin d'en rencontrer davantage chez les autres.

En somme, elle avait tant de bonhomie, que
je ne m'ennuyai pas beaucoup avec elle pendant une heure, et que je n'attendis pas avec

trop d'impatience la permission de la quitter.

Un valet de chambre me conduisit à mon appartement ; car c'était presque un appartement complet : trois pièces fort belles, très-vastes, et meublées en vieux Louis XV, avec beaucoup de luxe. Mon propre domestique, à qui ma bonne mère avait fait la leçon, était dans ma chambre à coucher, attendant l'honneur de me déshabiller, afin de paraître aussi instruit de son devoir que les valets de grande maison.

— C'est fort bien, mon cher Baptiste, lui dis-je quand nous fûmes seuls ensemble, mais tu peux aller dormir. Je me coucherai moi-même et me déshabillerai en personne, comme j'ai fait depuis que je suis au monde.

Baptiste me souhaita une bonne nuit et me quitta. Il n'était que dix heures. Je n'avais nulle envie de dormir si tôt, et je me disposais à aller examiner les meubles et les tableaux de mon salon, lorsque mes yeux tombèrent sur l'ambigu

qui m'avait été servi dans ma chambre, près de
la cheminée, et les trois pains m'apparurent
dans une mystérieuse symétrie.

Ils étaient passablement gros et placés au
centre du plateau de laque, dans une jolie corbeille de vieux saxe, avec une belle salière d'argent au milieu, et trois serviettes damassées
à l'entour.

— Que diable y a-t-il dans l'arrangement de
cette corbeille? me demandai-je, et pourquoi cet
accessoire vulgaire de mon souper, le pain, a-t-il
tant tourmenté ma vieille hôtesse? Pourquoi
trois pains si expressément recommandés?
Pourquoi pas quatre, pourquoi pas dix, si l'on
me prend pour un ogre? Et, au fait, voilà un
très-copieux ambigu, et des flacons de vin avec
des étiquettes qui promettent beaucoup; mais
pourquoi trois carafes d'eau? Voilà qui rede-
vient mystérieux et bizarre. Cette bonne vieille
comtesse s'imagine-t-elle que je suis triple,

ou que j'apporte deux convives dans ma valise?

Je méditais sur cette énigme, lorsqu'on frappa à la porte de l'antichambre.

— Entrez ! criai-je sans me déranger, pensant que Baptiste avait oublié quelque chose.

Quelle fut ma surprise de voir apparaître, en coiffe de nuit, la puissante Zéphyrine, tenant d'une main un bougeoir, de l'autre mettant un doigt sur ses lèvres, et s'avançant vers moi avec la risible prétention de ne pas faire crier le parquet sous ses pas d'éléphant ! Je devins certainement plus pâle que je ne l'avais été en me préparant à paraître devant la jeune madame d'Ionis. De quelle effroyable aventure me menaçait donc cette volumineuse apparition ?

— Ne craignez rien, monsieur, me dit ingénument la bonne vieille fille, comme si elle eût deviné ma terreur ; je viens vous expliquer la singularité... les trois carafes... et les trois pains !

— Ah ! volontiers, répondis-je en lui offrant un fauteui'; j'étais justement fort intrigué.

— Comme femme de charge, dit Zéphyrine refusant de s'asseoir et tenant toujours sa bougie, je serais bien mortifiée que monsieur crût de ma part à une mauvaise plaisanterie. Je ne me permettrais pas... Et pourtant je viens demander à monsieur de s'y prêter pour ne pas mécontenter ma maîtresse.

— Parlez, mademoiselle Zéphyrine ; je ne suis pas d'humeur à me fâcher d'une plaisanterie, surtout si elle est divertissante.

— Oh ! mon Dieu, non, monsieur ; elle n'a rien de bien amusant, mais elle n'a rien de désagréable non plus. Voici ce que c'est. Madame la comtesse douairière est très... elle a une tête bien...

Zéphyrine s'arrêta court. Elle aimait ou craignait la douairière et ne pouvait se décider à la critiquer. Son embarras était comique, car il se traduisait par un sourire enfantin relevant les coins d'une toute petite bouche édentée, laquelle faisait paraître plus large encore sa figure ronde et joufflue, sans front et sans menton. On eût dit la pleine lune se maniérant et faisant la bouche en cœur, comme on la voit représentée sur les almanachs liégeois. La petite voix essoufflée de Zéphyrine, son grasseyement et son blaisement achevaient de la rendre si invraisemblable, que je n'osais la regarder en face, dans la crainte de perdre mon sérieux.

— Voyons, lui dis-je pour l'encourager dans ses révélations : madame la comtesse douairière est un peu taquine, un peu moqueuse?

— Non, monsieur, non! elle est de très-bonne foi; elle croit... elle s'imagine...

Je cherchais en vain ce que la douairière pouvait s'imaginer, lorsque Zéphyrine ajouta avec effort :

— Enfin, monsieur, ma pauvre maîtresse croit aux esprits !

— Soit ! répondis-je. Elle n'est pas la seule personne de son sexe et de son âge qui ait cette croyance, et cela ne fait de tort à personne.

— Mais cela fait quelquefois du mal à ceux qui s'en effrayent, et, si monsieur craignait quelque chose dans cet appartement, je puis lui jurer qu'il n'y revient rien du tout.

— Tant pis ! j'aurais été bien content d'y voir quelque chose de surnaturel... Les apparitions font partie des vieux manoirs, et celui-ci est si beau, que je ne m'y serais représenté que des fantômes très-agréables.

— Vraiment ! monsieur a donc entendu parler de quelque chose ?

— Relativement à ce château et à cet appartement ? Jamais ; j'attends que vous m'appreniez...

— Eh bien, monsieur, voici ce que c'est. En

l'année... je ne sais plus, mais c'était sous Henri II ;
monsieur doit savoir mieux que moi combien il y
a de temps de cela : il y avait ici trois demoiselles, héritières de la famille d'Ionis, belles comme
le jour, et si aimables, qu'elles étaient adorées
de tout le monde. Une méchante dame de la cour,
qui était jalouse d'elles, et de la plus jeune en
particulier, fit mettre du poison dans l'eau d'une
fontaine dont elles burent et dont on se servait
pour faire leur pain. Toutes trois moururent dans
la même nuit, et, à ce que l'on prétend, dans la
chambre où nous voici. Mais cela n'est pas bien
sûr, et on ne se l'est imaginé que depuis peu.
On faisait bien, dans le pays, un conte sur trois
dames blanches qui s'étaient montrées longtemps
dans le château et les jardins ; mais c'était si
vieux, qu'on n'y pensait plus et que personne
n'y croyait, lorsqu'un des amis de la maison,
M. l'abbé de Lamyre, qui est un esprit gai et un
beau parleur, ayant dormi dans cette chambre,

rêva ou prétendit avoir rêvé de trois femmes vertes qui étaient venues lui faire des prédictions.
Et, comme il vit que son rêve intéressait madame
la douairière et divertissait la jeune comtesse
sa bru, il inventa tout ce qu'il voulut et fit parler ses revenants à sa fantaisie, si bien que madame la douairière est persuadée que l'on pourrait savoir l'avenir de la famille et celui du procès
qui tourmente M. le comte, en venant à bout de
faire revenir et parler ces fantômes. Mais, comme
toutes les personnes que l'on a logées ici n'ont
rien vu du tout et n'ont fait que rire de ses questions, elle a résolu d'y faire coucher celles qui,
n'étant prévenues de rien, ne songeraient ni à
inventer des apparitions, ni à cacher celles
qu'elles pourraient voir. Voilà pourquoi elle a
commandé qu'on vous mît dans cette chambre,
sans vous rien dire; mais, comme madame n'est
pas bien... fine, peut-être ! elle n'a pas pu s'empêcher de me parler devant vous des trois pains.

— Certainement, les trois pains d'abord, et les trois carafes ensuite, étaient faits pour me donner à penser. Pourtant, je confesse que je ne trouve absolument rien qui ait rapport...

— Ah! si fait, monsieur. Les trois demoiselles du temps de Henri II ont été empoisonnées par le pain et l'eau!

— Je vois bien la relation, mais je ne comprends pas que cette offrande, si c'en est une, puisse leur être bien agréable. Qu'en pensez-vous vous-même?

— Je pense que là où sont leurs âmes, elles n'en savent rien, ou s'en soucient fort peu, dit Zéphyrine d'un air de supériorité modeste. Mais il faut que vous sachiez comment ces idées-là sont venues à ma bonne vieille maîtresse. Je vous apporte le manuscrit que madame d'Ionis, sa belle-fille, madame Caroline, comme nous l'appelons ici, a relevé elle-même, sur de vieux griffonnages trouvés dans les archives de la famille.

Cette lecture vous intéressera plus que ma conversation, et je vais vous souhaiter le bonsoir... après, cependant, vous avoir adressé une petite prière.

— De tout mon cœur, ma bonne demoiselle : que puis-je faire pour vous?

— Ne dire à personne au monde, si ce n'est à madame Caroline, qui ne le trouvera pas mauvais, que je vous ai prévenu ; car madame la douairière me gronderait et ne se fierait plus à moi.

— Je vous le promets ; et que dois-je dire demain, si l'on m'interroge sur mes visions?

— Ah! voilà, monsieur... Il faut que vous ayez la bonté d'inventer quelque chose, un rêve sans suite ni sens, ce que vous voudrez, pourvu qu'il y soit question de trois demoiselles : autrement, madame la douairière sera comme une âme en peine et s'en prendra à moi, disant que je n'ai pas mis les pains, les carafes et la salière;

ou bien que je vous ai averti, et que votre incrédulité a fait manquer l'apparition. Elle est
persuadée de la mauvaise humeur de *ces dames*,
et du refus qu'elles font de se montrer à ceux
qui se moquent d'avance, ne fût-ce que dans leur
pensée

Resté seul, après avoir promis à Zéphyrine
de me prêter à la fantaisie de sa maîtresse, j'ouvris et lus le manuscrit dont je ne rapporterai
que les circonstances relatives à mon histoire.
Celle des demoiselles d'Ionis me parut une pure
légende, racontée par madame d'Ionis, sur la foi
de documents peu authentiques, qu'elle criti-
quait elle-même de ce ton léger et railleur qui
était alors de mode.

Je passe donc sous silence la chronique froidement commentée des trois mortes, qui m'a-
vait paru plus intéressante dans les sobres paroles de Zéphyrine, et je rapporterai seulement
le fragment suivant, transcrit par madame d'Io-

nis, d'un manuscrit daté de 1650, et rédigé par un ancien chapelain du château :

« C'est de fait que j'ai ouï raconter, dans ma jeunesse, comme quoi le château d'Ionis fut hanté par des esprits, au nombre de trois, et montrant l'apparence de dames richement habillées, lesquelles, sans menacer personne, paraissaient chercher quelque chose dans les chambres et offices de la maison. Les messes et prières dites à leur intention ne les ayant pu empêcher de revenir, on s'imagina de faire bénir trois pains blancs et de les mettre en la chambre où les demoiselles d'Ionis avaient décédé. Cette nuit-là, elles vinrent sans faire de bruit ni effrayer personne de leur vue, et on trouva, le lendemain, qu'elles avaient comme grignoté les pains, à la manière des souris, mais n'en avaient rien emporté; et, la nuit suivante, elles recommencèrent à se plaindre et faire crier les huis et grincer les targettes. C'est pourquoi on imagina de leur mettre trois cruches d'eau claire, dont elles ne burent point, mais dont elles répandirent une partie. Enfin, le prieur de Saint-*** conseilla de les apaiser tout à fait en leur offrant une salière remplie de sel blanc, par la raison qu'elles avaient été empoisonnées dans un pain sans sel; et, dès que la chose fut faite, on les entendit chanter un très-beau cantique, où l'on assure qu'elles promettaient, en latin, des bénédictions et d'heureuses fortunes à la branche cadette d'Ionis, qui avait recueilli leur héritage.

» Ceci se passa, m'a-t-on dit, du temps du roi Henri le IVme, et, depuis, on n'en a plus entendu parler ; mais c'est une croyance qui a duré longtemps après, dans la maison d'Ionis, qu'en leur faisant cette offrande à minuit, on peut les attirer et savoir d'elles les choses de l'avenir. On dit même que, si trois pains, trois carafes et une salière se trouvent par l'effet du hasard sur une table, dans ledit château, on

2

voit ou on entend, en ce lieu, des choses surprenantes. »

A ce fragment, madame d'Ionis avait ajouté
la réflexion suivante : « Il est bien regrettable
pour la maison d'Ionis que ce beau miracle ait
cessé : tous ses membres eussent été vertueux
et sages ; mais, bien que j'aie entre les mains
une formule d'invocation rédigée par quelque
astrologue attaché jadis à la maison, je n'espère
pas que les *dames vertes* veuillent jamais s'y
rendre. »

Je restai quelque temps absorbé, non par l'effet de cette lecture, mais bien par la jolie écriture de madame d'Ionis et par l'élégante rédac-
tion des autres réflexions qui accompagnaient la
légende.

Je ne faisais pas, comme je me le permets
aujourd'hui, la critique du facile scepticisme de
cette belle dame. J'étais à sa hauteur en ce
genre. C'était la mode de prendre les choses

fantastiques, non par leur côté artiste, mais par
leur côté ridicule. On était tout frais fier de ne
plus donner dans les contes de nourrice, dans
les superstitions de la veille.

J'étais, du reste, fort ·disposé à devenir
amoureux. On m'avait tant parlé, à la maison,
de cette aimable personne, et ma mère m'avait
si bien recommandé, à mon départ, de ne pas
me laisser tourner la tête, que c'était à moitié fait.
Je n'avais encore aimé que deux ou trois cousines,
et ces amours-là, chantées par moi en vers aussi
chastes que mes flammes, n'avaient pas telle-
ment consumé mon cœur, qu'il ne fût prêt à se
laisser incendier beaucoup plus sérieusement.

J'avais emporté un dossier que mon père
m'avait engagé à étudier. Je l'ouvris conscien-
cieusement ; mais, après en avoir lu quelques
pages avec les yeux, sans qu'un seul mot arrivât
à mon cerveau, je reconnus que cette manière
d'étudier était parfaitement inutile, et je pris le

sage parti d'y renoncer. Je crus réparer ma pa-
resse en pensant sérieusement au procès des
d'Ionis, que je connaissais sur le bout du doigt,
et je préparais les arguments par lesquels je
devais convaincre la comtesse de la marche à
suivre. Seulement, chacun de ces arguments
merveilleux se terminait, je ne sais comment,
par quelque madrigal amoureux qui n'avait pas
un rapport bien direct avec la procédure.

Au milieu de cet important travail, la faim
me prit. La Muse n'est pas si rigoureuse aux
enfants de famille habitués à bien vivre,
qu'elle leur interdise de souper de bon appétit.
Je me disposai donc à faire honneur au pâté
qui me souriait à travers mes dossiers et mes
hémistiches, et je dépliai la serviette posée sur
mon assiette, où, à ma grande surprise, je trouvai un quatrième pain.

Cette surprise céda vite à un raisonnement
rès-simple : si, dans les projets et prévisions

de la douairière, les trois pains cabalistiques
devaient rester intacts, il était naturel qu'on en
eût consacré un à la satisfaction de mon appétit.
Je goûtai les vins et les trouvai d'une si bonne
qualité que je fis généreusement aux fantômes
le sacrifice de ne pas entamer une seule des carafes d'eau qui leur étaient destinées.

Et, tout en mangeant avec grand plaisir, je
me mis enfin à songer à cette chronique, et à
me demander comment je raconterais les pro-
diges que je ne pouvais me dispenser d'avoir
vus. Je regrettais que Zéphyrine ne m'eût pas
donné plus de détails sur les fantaisies présu-
mées des trois mortes. L'extrait du manuscrit
de 1650 n'était pas assez explicite : ces dames
devaient-elles attendre que je fusse endormi
pour venir, comme des souris, grignoter sur
ma table les pains dont on les savait si friandes?
ou bien allaient-elles m'apparaître d'un moment
à l'autre, et s'asseoir, l'une à ma gauche, la se-

2.

conde à ma droite, et la troisième en face de moi?

Minuit sonna, c'était l'heure classique, l'heure fataie !

II

L'APPARITION

Minuit sonna jusqu'au douzième coup, sans
qu'aucune apparition se produisît. Je me levai,
pensant que j'en étais quitte : j'avais fini de
manger, et, après une douzaine de lieues à
cheval, je commençais à sentir le besoin du
sommeil, lorsque l'horloge du château, qui avait
un très-beau timbre grave et retentissant, se
mit à recommencer les quatre quarts et les
douze heures avec une lenteur imposante.

Avouerai-je que je me sentis un peu ému de
cette sorte de retour de l'heure fantastique que
je croyais révolue ? Pourquoi pas ? J'avais fait

jusque-là si bonne contenance de philosophe !
Pour être un fervent disciple de la raison, je
n'en étais pas moins un très-jeune homme,
et un homme d'imagination, élevé sur les ge-
noux d'une mère qui croyait encore fermement
à toutes les légendes dont elle m'avait bercé,
lesquelles ne m'avaient pas toujours fait rire.

Je m'aperçus de l'imperceptible malaise que
j'éprouvais, et, pour le combattre, car j'en fus
très-honteux, je me hâtai de me déshabiller.
L'horloge avait fini, j'étais dans mon lit, et
j'allais souffler ma bougie, lorsqu'une horloge
plus éloignée du village se mit à sonner à son
tour les quatre quarts et les douze heures, mais
d'une voix si lugubre et avec une si mortelle
nonchalance, que j'en fus sérieusement impa-
tienté. Pour peu qu'elle eût, comme celle du
château, double sonnerie, il n'y avait pas de
raison pour en finir.

Il me sembla, en effet, pendant quelques mi-

nutes, que je l'entendais recommencer et qu'elle
sonnait trente-sept heures ; mais c'était une
pure illusion, comme je m'en assurai en
ouvrant ma fenêtre. Le plus profond silence
régnait dans le château et dans la campagne.
Le ciel était voilé tout à fait ; on n'apercevait
plus aucune étoile ; l'air était lourd ; et je voyais
des volées de phalènes et de noctuelles s'agiter
dans le rayon de lumière que ma bougie projetait au dehors. Leur inquiétude était un signe
d'orage. Comme j'ai toujours beaucoup aimé
l'orage, je me plus à en respirer les approches.
De courtes rafales m'apportaient le parfum des
fleurs du jardin. Le rossignol chanta encore une
fois et se tut pour chercher un abri. J'oubliai
ma sotte émotion en jouissant du spectacle de
la réalité.

Ma chambre donnait sur la cour d'honneur,
qui était vaste et entourée de constructions magnifiques, dont les masses légères se décou-

paient en bleu pâle sur le ciel noir, à la lueur des premiers éclairs.

Mais le vent se leva et me chassa de la fenêtre, dont il semblait vouloir emporter les rideaux. Je fermai tout, et, avant de me recoucher, je voulus braver les spectres et satisfaire Zéphyrine en accomplissant avec conscience ce que je présumai être les rites de l'évocation. Je nettoyai la table et en ôtai les restes de mon repas. Je plaçai les trois carafes autour de la corbeille. Je n'avais pas dérangé le sel; et, voulant me venger de moi-même en provoquant jusqu'au bout ma propre imagination, je mis trois chaises autour de la table et trois flambeaux sur la table, un devant chaque fauteuil.

Après quoi, j'éteignis tout et m'endormis tranquillement, sans manquer de me comparer à sire Enguerrand, dont ma mère m'avait souvent chanté, sous forme de complainte, les aventures dans le terrible château des Ardennes.

Il faut croire que mon premier sommeil fut
très-profond, car je ne sais ce que devint
l'orage, et ce ne fut pas lui qui me réveilla ; ce
fut un cliquetis de verres sur la table, que j'entendis d'abord à travers je ne sais quels rêves,
et que je finis par entendre en réalité. J'ouvris
les yeux, et... me croie qui voudra, mais je
fus témoin de choses si surprenantes, qu'a-
près vingt ans, le moindre détail en est resté
dans ma mémoire, aussi net qe le premier
jour.

Il y avait de la clarté dans ma chambre, bien
que je ne visse aucun flambeau allumé. C'était
comme une lueur verte très-vague, qui semblait
partir de la cheminée. Cette faible clarté me
permit de voir, non pas distinctement, mais
assurément trois personnes, ou plutôt trois
formes assises sur les fauteuils que j'avais
disposés autour de la table, l'une à droite,
l'autre à gauche, la troisième entre les deux pre-

mières, vis-à-vis de la cheminée et le dos tourné
à mon lit.

A mesure que ma vue s'habituait à cette
lueur, je croyais reconnaître, dans ces trois
ombres, des femmes vêtues ou plutôt envelop-
pées de voiles d'un blanc verdâtre, très-amples,
qui par moments me semblaient être des
nuages, et qui leur cachaient entièrement la
figure, la taille et les mains. Je ne sais si elles
agissaient, mais je ne pouvais saisir aucun de
leurs mouvements, et cependant le cliquetis des
carafes continuait, comme si elles les eussent
poussées et heurtées, selon une sorte de rhy-
thme, contre la corbeille de porcelaine.

Après quelques instants accordés, je le confesse, à une terreur très-vive, je pensai que
j'étais dupe d'une mystification, et j'allais sauter
résolument au milieu de la chambre pour faire
peur à qui voulait m'effrayer, lorsque, me sou-
venant que dans cette maison je ne pouvais avoir

affaire qu'à des femmes honnêtes, peut-être à
de grandes dames, qui me faisaient l'honneur
de se moquer de moi, je tirai brusquement mon
rideau et me rhabillai à la hâte.

Quand ce fut fait, j'écartai le rideau afin de
guetter le moment de surprendre ces malignes
personnes par un grand éclat de ma plus grosse
voix. Mais quoi! plus rien! tout avait disparu.
J'étais dans une obscurité profonde.

A cette époque, on n'avait pas trouvé le
moyen de se procurer instantanément de la lumière; je n'avais pas même celui de m'en procurer lentement à l'aide de la pierre à fusil.
Je fus réduit à m'approcher à tâtons de la table,
où je ne trouvai absolument rien que les fauteuils, les carafes, les flambeaux et les pains,
dans l'ordre où je les avais placés. Aucun bruit
appréciable n'avait trahi le départ des étranges
visiteuses : il est vrai que le vent soufflait
encore très-fort et s'engouffrait en plaintes

lamentables dans la vaste cheminée de ma chambre.

J'ouvris la fenêtre et ma jalousie, contre laquelle j'eus à lutter pour l'assujettir. Il ne faisait pas encore jour, et le peu de transparence de l'air extérieur ne me permit pas de voir toutes les parties de ma chambre. Je fus réduit à tâtonner partout, ne voulant pas appeler ni interroger, tant je craignais de paraître effrayé. Je passai dans le salon et dans l'autre pièce, me livrant sans plus de bruit aux mêmes recherche, et je revins m'asseoir sur mon lit pour faire sonner ma montre et songer à mon aventure.

Ma montre était arrêtée et les horloges du dehors sonnèrent une demie, comme pour me déclarer qu'il n'y avait pas moyen de savoir l'heure.

J'écoutai le vent et tâchai de me rendre compte de ses bruits et de ceux qui pourraient partir de quelque coin de mon appartement. Je

mis mes yeux et mes oreilles à la torture. J'y
mis aussi mon esprit pour lui demander si je
n'avais pas rêvé ce que j'avais cru voir. La chose
était possible, bien que je ne pusse me rendre
compte du rêve qui avait dû précéder et amener
ce cauchemar.

Je résolus de ne pas m'en tourmenter davantage et d'attendre sur mon lit le retour du sommeil sans me déshabiller, en cas de mystification
nouvelle.

Je ne pus me rendormir. Je me sentais cependant fatigué, et le vent me berçait irrésistible-
ment; je m'assoupissais à chaque instant; mais,
à chaque instant, je rouvrais les yeux et regar-
dais, malgré moi, dans le noir et dans le vide
avec méfiance.

Je commençais enfin à sommeiller, lorsque le
cliquetis recommença, et, cette fois, ouvrant les
yeux bien grands, mais ne bougeant pas, je vis
les trois spectres à leur place, immobiles en ap-

parence, avec leurs voiles verts flottant dans la lueur verte qui partait de la cheminée.

Je feignis de dormir, car il est probable que l'on ne pouvait voir mes yeux ouverts dans l'ombre de l'alcôve, et j'observai attentivement. Je n'étais plus effrayé ; je n'éprouvais plus que la curiosité de surprendre un mystère plaisant ou désagréable, une fantasmagorie très-bien mise en scène par des personnages réels, ou... J'avoue que je ne trouvais pas de définition à la seconde hypothèse : elle ne pouvait être que folle et ridicule, et cependant elle me tourmentait comme admissible.

Je vis alors les trois ombres se lever, s'agiter et tourner rapidement et sans aucun bruit, autour de la table, avec des gestes incompréhensibles. Elles m'avaient paru de médiocre stature tant qu'elles avaient été assises : debout, elles étaient aussi grandes que des hommes. Tout à coup, une d'entre elles diminua, reprit la taille

d'une femme, devint toute petite, grandit déme-
surément et se dirigea vers moi, pendant que les
deux autres se tenaient debout sous le manteau
de la cheminée.

Ceci me fut très-désagréable ; et, par un mouvement d'enfant, je mis mon oreiller sur ma
figure, comme pour élever un obstacle entre moi
et la vision.

Puis j'eus encore honte de ma sottise, et je
regardai attentivement. Le spectre était assis
sur le fauteuil placé au pied de mon lit. Je ne
vis pas sa figure. La tête et le buste étaient, non
pas ombragés, mais comme brisés par le rideau
de l'alcôve. La lueur du foyer, devenue plus vive,
dessinait seulement la moitié inférieure d'un
corps et les plis d'un vêtement dont la forme et
la couleur n'avaient plus rien de déterminé, mais
dont la réalité ne pouvait plus être révoquée en
doute.

Cela était d'une immobilité effrayante, comme

si rien ne respirait sous cette sorte de linceul.
J'attendis quelques instants qui me parurent un
siècle. Je sentis que je perdais le sang-froid
dont je m'étais armé. Je m'agitai sur mon lit;
j'eus la pensée de fuir je ne sais où. J'y résistai.
Je passai la main sur mes yeux, puis je l'avançai
résolument pour saisir le spectre par les plis de
ce vêtement si visible et si bien éclairé : je ne
touchai que le vide. Je m'élançai sur le fauteuil :
c'était un fauteuil vide. Toute clarté et toute
vision avaient disparu. Je recommençai à parcourir la chambre et les autres pièces. Comme
la première fois, je les trouvai désertes. Bien certain de n'avoir, cette fois, ni rêvé ni dormi, je restai levé jusqu'au jour, qui ne tarda pas à paraître.

On a beaucoup étudié, depuis quelques années,
les phénomènes de l'hallucination; on les a ob-
servés et caractérisés. Des hommes de science
en ont fait l'analyse sur eux-mêmes. J'ai vu même
des femmes délicates et nerveuses en subir les

accès fréquents, non pas sans souffrance et sans
tristesse, mais sans terreur, et en se rendant
très-bien compte de l'état d'illusion où elles se
trouvaient.

Dans ma jeunesse, on n'était pas si avancé. Il
n'y avait guère de milieu entre la négation absolue de toute vision et la croyance aveugle aux
apparitions. On riait de ceux qui étaient tour-
mentés de ces visions, que l'on attribuait à la
crédulité et à la peur, et que l'on n'excusait que
dans le cas de grave maladie.

Il m'arriva donc, pendant ma terrible insom-
nie, de m'interroger sévèrement et de me faire
une très-dure et très-injuste réprimande sur la
faiblesse de mon esprit, sans songer à me dire
que tout cela pouvait être l'effet d'une mauvaise
digestion ou d'une influence atmosphérique.
Cette idée me fût venue difficilement; car, sauf
un peu de fatigue et de mauvaise humeur, je ne
me sentais pas du tout malade.

Bien résolu à ne me vanter à personne de
l'aventure, je me couchai et dormis très-bien
jusqu'à l'heure où Baptiste frappa chez moi
pour m'avertir de l'approche du déjeuner.
J'allai lui ouvrir après avoir bien constaté
que ma porte était restée fermée au verrou,
comme je m'en étais assuré avant de m'endormir; j'avais fait et je fis encore la même
observation sur l'autre porte de mon appartement, je comptai les gros pitons de fer qui assu-
jettissent les plaques des cheminées; je cherchai en vain la possibilité et les indices d'une
porte secrète.

— A quoi bon, d'ailleurs? me disais-je mélan-
coliquement, pendant que Baptiste me poudrait
les cheveux; n'ai-je pas vu un objet qui n'avait
pas de consistance, une robe ou un suaire qui
s'est évanoui sous ma main?

Sans cette circonstance concluante, j'aurais pu
attribuer tout à une moquerie de madame d'Ionis;

car j'appris de Baptiste qu'elle était rentrée la veille, vers minuit.

Cette nouvelle m'arracha à mes préoccupations. Je donnai des soins à ma coiffure et à ma toilette. J'étais un peu contrarié d'être voué au noir par ma profession; mais ma mère m'avait muni de si beau linge et d'habits si bien coupés, que je me trouvai, en somme, fort présentable : je n'étais ni laid ni mal fait. Je ressemblais à ma mère, qui avait été fort belle; et, sans être fat, j'étais habitué à voir dans tous les yeux l'impression favorable que produit une physionomie heureuse.

Madame d'Ionis était au salon quand j'y entrai. Je vis une femme ravissante, en effet, mais beaucoup trop petite pour avoir figuré de sa personne dans mon trio de spectres. Elle n'avait, d'ailleurs, rien de fantastique ni de diaphane. C'était une beauté du genre réel, fraîche, gaie, vivante, portant avec grâce ce que l'on appelait, dans le style

3.

du temps, un aimable embonpoint, parlant avec
finesse et justesse sur toutes choses, et laissant
percer une grande énergie de caractère sous une
grande douceur de formes.

Je compris, au bout de quelques paroles échan-
gées avec elle, comment, grâce à tant d'esprit et
de résolution, de franchise et d'adresse, elle
venait à bout de vivre en bonne intelligence avec
un assez mauvais mari et une belle-mère très-
bornée.

A peine le déjeuner fut-il commencé, que la
douairière, m'examinant, me trouva souffrant et
pâle, quoique j'eusse assez oublié mon aventure
pour manger de bon appétit et me sentir douce-
ment ému des aimables soins de ma belle hôtesse.

Me rappelant alors les recommandations de
Zéphyrine, je m'empressai de dire que j'avais
bien dormi et fait des rêves très-agréables.

— Ah! j'en étais sûre! s'écria la vieille dame
naïvement enchantée. On rêve toujours bien dans

cette chambre-là! Faites-nous part de vos rêves, monsieur Nivières?

— Ils ont été très-confus; je crois pourtant me rappeler une dame...

— Une seule?

— Peut-être deux!

— Peut-être trois aussi? dit madame d'Ionis en souriant.

— Précisément, madame, vous me rappelez qu'elles étaient trois!

— Jolies? dit la douairière triomphante.

— Assez jolies, bien qu'un peu fanées.

— Vraiment? reprit madame d'Ionis, qui semblait s'entendre avec les yeux de Zéphyrine, assise au petit bout de la table, pour me donner la réplique. Et que vous ont-elles dit?

— Des choses incompréhensibles. Mais, si cela intéresse madame la comtesse douairière, je ferai mon possible pour m'en souvenir.

— Ah! mon cher enfant, dit la douairière,

cela m'intéresse à un point que je ne puis vous
dire. Je vous expliquerai ça tout à l'heure. Commencez par nous raconter...

— Raconter me sera bien difficile. Peut-on
raconter un rêve ?

— Peut-être ! si on vous aidait dans vos sou-
venirs, dit avec un grand sang-froid madame
d'Ionis, résignée à flatter la manie de sa belle-
mère ; ne vous ont-elles point parlé de la pros-
périté future de cette maison ?

— Il me semble bien que oui, en effet.

— Ah ! vous voyez, Zéphyrine, s'écria la
douairière ; vous qui ne croyez à rien ! et je
parie qu'elles ont parlé du procès ! Dites, monsieur Nivières, dites bien tout !

Un regard de madame d'Ionis m'avertit de ne
pas répondre. Je déclarai n'avoir pas entendu un
mot du procès dans mes songes. La douairière
en parut très-contrariée, et se tranquillisa bientôt, en disant :

— Ça viendra! ça viendra !

Ce *ça viendra* me sembla très-désobligeant,
bien qu'il fût dit avec une bienveillance opti-
miste. Je ne me souciais nullement de recommencer une aussi mauvaise nuit ; mais, à mon
tour, je me résignai vite lorsque madame d'Ionis
me dit à demi-voix, pendant que la douairière
querellait Zéphyrine sur son incrédulité :

— C'est bien aimable à vous de vous prêter à
la fantaisie du jour dans notre maison. J'espère
que vous n'aurez, en effet, chez nous, que de
bons rêves; mais vous n'êtes pas absolument
forcé de voir toutes les nuits ces trois demoiselles. Il suffit que vous en parliez aujourd'hui
sans rire à mon. excellente belle-mère. Cela lui
fait grand plaisir et ne compromet pas votre
courage. Tous nos amis sont décidés à les voir
pour avoir la paix.

Je fus assez dédommagé et assez électrisé par
l'air d'intimité confiante que prenait avec moi

cette charmante femme, pour recouvrer ma
gaieté ordinaire, et je me prêtai, durant tout le
repas, à retrouver peu à peu le souvenir des
choses merveilleuses qui m'avaient été révélées.
Je promis surtout de longs jours à la douairière,
de la part des trois dames vertes.

— Et mon asthme, monsieur? dit-elle, vous
ont-elles dit que je guérirais de mon asthme?

— Pas précisément; mais elles ont parlé de
longue vie, fortune et santé.

— Tout de bon? Eh bien, vraiment, je n'en
demande pas davantage au bon Dieu. — A présent, ma fille, dit-elle à sa bru, vous qui
racontez si bien, faites donc part à ce bon jeune
homme de la cause de ses rêves et dites-lui
l'histoire des trois demoiselles d'Ionis.

Je fis l'étonné. Madame d'Ionis demanda la
permission de me confier le manuscrit qu'elle
n'avait rédigé, disait-elle, que pour se dispenser
de faire trop souvent le même récit.

Le déjeuner était fini. La douairière alla faire sa sieste.

— Il fait trop chaud pour aller au jardin en plein midi, me dit madame d'Ionis, et, pourtant, je ne veux pas vous faire travailler à ce maudit procès en sortant de table. Si vous voulez visiter l'intérieur du château, qui est assez intéressant, je vous servirai de guide.

— Accepter la proposition est d'un indiscret et d'un mal-appris, répondis-je, et pourtant j'en meurs d'envie.

— Eh bien, ne mourez pas, et venez, dit-elle avec une gaieté adorable.

Mais elle ajouta aussitôt, et fort naturellement :

— Viens avec nous, ma bonne Zéphyrine ; tu nous ouvriras les portes.

Une heure plus tôt, l'adjonction de Zéphyrine m'eût été fort agréable ; mais je ne me sentais plus si timide auprès de madame d'Ionis, et

j'avoue que ce tiers entre nous me contraria. Je
n'avais certes aucune sorte de présomption, aucune idée impertinente; mais il me semblait que
j'aurais causé avec plus de sens et d'agrément
dans le tête-à-tête. La présence de cette pleine
lune affadissait toutes mes idées et gênait l'essor
de mon imagination.

Et puis Zéphyrine ne songeait qu'à la chose
que je me serais justement plu à oublier.

— Vous voyez bien, madame Caroline, dit-
elle à madame d'Ionis en traversant la galerie
du rez-de-chaussée, il n'y a rien du tout dans la
chambre aux dames vertes. M. Nivières y a parfaitement dormi!

— Eh! mon Dieu, ma bonne, je n'en doute
pas, répondit la jeune femme. M. Nivières ne me
fait pas l'effet d'un fou! Cela ne m'empêchera
pas de croire que l'abbé de Lamyre y a vu
quelque chose.

— En vérité? dis-je un peu ému. J'ai eu

l'honneur de voir quelquefois M. de Lamyre ; je le croyais aussi peu fou que moi-même.

— Il n'est pas fou, monsieur, reprit Zéphy-rine ; c'est un badin qui raconte sérieusement des folies.

— Non ! dit madame d'Ionis avec décision ; c'est un homme d'esprit qui se monte la tête. Il a commencé par se moquer de nous et nous faire des contes de revenants. Il était facile alors, non pour notre bonne douairière, mais pour nous, de voir qu'il plaisantait. Mais peut-être ne faut-il pas trop plaisanter avec certaines idées folles. Il est très-certain pour moi qu'une nuit il a eu peur, puisque rien n'a pu le décider depuis à rentrer dans cette chambre. Mais parlons d'autre chose ; car je suis sûre que M. Nivières est déjà rassasié de cette histoire ; moi, j'en ai par-dessus la tête, et, puisque tu lui as montré d'avance le manuscrit, me voilà dispensée de m'en occuper davantage.

— C'est singulier, madame, reprit Zéphyrine
en riant, on dirait que vous-même, à votre tour,
vous commencez à croire à quelque chose! Il
n'y a donc que moi dans la maison qui resterai
incrédule!

Nous entrions dans la chapelle, et madame
d'Ionis m'en fit rapidement l'historique. Elle
était fort instruite et nullement pédante. Elle me
montra, en me les expliquant, toutes les salles
importantes, les statues, les peintures, les
meubles rares et précieux que contenait le
château. Elle mettait à tout une grâce incomparable et une complaisance inouïe. Je devenais
amoureux, comme qui dirait à vue d'œil, amoureux au point d'être jaloux à l'idée qu'elle était
peut-être aussi aimable avec tout le monde
qu'elle l'était avec moi. Nous arrivâmes ainsi
dans une immense et magnifique salle, divisée
en deux galeries par une élégante rotonde. On
appelait cette salle la bibliothèque, bien qu'une

partie seulement fût consacrée aux livres. L'autre
moitié était une sorte de musée de tableaux et
d'objets d'art. Là rotonde contenait une fontaine
entourée de fleurs. Madame d'Ionis me fit remarquer ce monument précieux, que l'on avait
récemment retiré des jardins pour le mettre à
l'abri et le préserver d'accident, la chute d'une
grosse branche l'ayant un peu endommagé dans
une nuit d'orage.

C'était un rocher de marbre blanc sur lequel
s'enlaçaient des monstres marins, et, au-dessus
d'eux, sur la partie la plus élevée, était assise
avec grâce une néréide, que l'on regardait
comme un chef-d'œuvre. On attribuait ce groupe
à Jean Goujon, ou tout au moins à l'un de ses
meilleurs élèves.

La nymphe, au lieu d'être nue, était chastement drapée ; circonstance qui faisait croire que
c'était le portrait d'une dame pudique qui n'avait
ni voulu poser dans le simple appareil d'une

déesse, ni permettre que l'artiste interprétât ses formes élégantes pour les placer sous les yeux d'un public profane. Mais ces draperies, dont la partie supérieure de la poitrine et les bras jusqu'à l'épaule étaient seuls dégagés, n'empêchaient pas d'apprécier l'ensemble de ce type étrange qui caractérise la statuaire de la renaissance, ces proportions élancées, cette rondeur dans la ténuité, cette finesse dans la force, enfin ce quelque chose de plus beau que nature qui étonne d'abord comme un rêve, et qui, peu à peu, s'empare de la plus enthousiaste région de l'esprit. On ne sait si ces beautés ont été conçues pour les sens, mais elles ne les troublent pas. Elles semblent nées directement de la Divinité dans quelque Éden, ou sur quelque mont Ida, dont elles n'ont pas voulu descendre pour se mêler à nos réalités. Telle est la fameuse Diane de Jean Goujon, grandiose, presque effrayante d'aspect, malgré l'extrême douceur de ses linéaments, exquise et monumentale, mouvementée comme la vigueur physique, et cependant calme comme la puissance intellectuelle.

Je n'avais encore rien vu, ou rien remarqué, de cette statuaire nationale que nous n'avons peut-être jamais assez appréciée, et qui met la France de cette époque à côté de l'Italie de Michel-Ange. Je ne compris pas d'emblée ce que je voyais ; j'y étais mal disposé, d'ailleurs, par la comparaison de ce type surprenant avec la beauté rondelette et mignonne de madame d'Ionis, un vrai type Louis XV, toujours souriant, et plus saisissant par le sentiment de la vie que par la grandeur de la pensée.

—Ceci est plus beau que le vrai, n'est-ce pas ? me dit-elle en me faisant remarquer les longs bras et le corps de serpent de la néréide.

— Je ne trouve pas, répondis-je en regardant avec une ardeur involontaire madame d'Ionis.

Elle ne parut pas y faire attention.

— Arrêtons-nous ici, me dit-elle. Il y fait très-
bon et très-frais. Si vous voulez, nous allons
parler d'affaires. Zéphyrine, ma chère bonne,
tu peux nous laisser.

J'étais enfin seul avec elle ! Deux ou trois
fois, depuis une heure, son beau regard, naturellement vif et aimant, m'avait donné le vertige, et je m'étais imaginé que je me jetterais
à ses pieds si Zéphyrine n'eût été là. Mais à
peine fut-elle partie, que je me sentis enchaîné
par le respect et la crainte, et que je me mis à
parler du procès avec une lucidité désespérée.

III

LE PROCÈS

— Ainsi, me dit-elle après m'avoir écouté avec attention, il n'y a pas moyen de le perdre?

— L'avis de mon père et le mien est que, pour le perdre, il faudrait le vouloir.

— Mais votre excellent père a bien compris que je le voulais absolument?

— Non, madame, répondis-je avec fermeté; car il s'agissait de faire mon devoir, et je rentrais dans le seul rôle convenable que j'eusse à jouer auprès de cette noble femme; non ! mon père ne l'entend pas ainsi. Sa conscience lui défend de trahir les intérêts qui lui ont été confiés par

M. le comte d'Ionis. Il croit que vous amènerez
votre époux à une transaction, et il la rendra
aussi acceptable que possible aux adversaires
que vous protégez ; mais il ne se résoudra jamais à vouloir persuader à M. d'Ionis que sa
cause est mauvaise en justice.

— En justice légale ! répliqua-t-elle avec un
triste et doux sourire; mais, en justice vraie,
en justice morale et naturelle, votre digne père
sait bien que notre droit nous conduit à exercer
une cruelle spoliation.

— Ce que mon père pense à cet égard, répondis-je un peu ébranlé, il n'en doit compte
qu'à sa propre conscience. Quand l'avocat peut
défendre une cause où les deux justices dont
vous parlez sont en sa faveur, il est bien heureux,
bien dédommagé de celles où il les trouve en
opposition; mais il ne doit jamais approfondir
cette distinction quand il a accepté bien volon-
tairement son mandat, et vous savez, madame,

que mon père n'a consenti à poursuivre
M. d'Aillane que parce que vous l'avez voulu.

— Je l'ai voulu, oui! J'ai obtenu de mon
mari que ce soin ne fût pas confié à un autre;
j'ai espéré que votre père, le meilleur et le plus
honnête homme que je connaisse, réussirait à
sauver cette malheureuse famille de la rigoureuse poursuite de la mienne. Un avocat peut
toujours se montrer retenu et généreux, surtout
quand il sait qu'il ne sera pas désavoué par son
principal client. Et c'est moi qui suis ce client,
monsieur! Il s'agit de ma fortune et non de
celle de M. d'Ionis, que rien ne menace.

— Il est vrai, madame; mais vous êtes en
puissance de mari, et le mari, comme chef de la
communauté...

— Ah! je le sais de reste! Il a sur ma fortune
plus de droits que moi-même et il en use dans
mon intérêt, je veux le croire; mais il oublie, en
ceci, celui de ma conscience : et pour qui? Il a

4

une immense fortune personnelle et pas d'enfants ; j'ai donc devant Dieu le droit de me dépouiller d'une partie de mon opulence pour ne
pas ruiner d'honnêtes gens, victimes d'une question de procédure.

— Ce sentiment est digne de vous, madame,
et je ne suis pas ici pour contester un si beau
droit, mais pour vous rappeler notre devoir, à
nous autres, et vous prier de ne pas exiger que
nous y manquions. Tous les ménagements con-
ciliables avec le gain de votre procès, nous les
aurons, dussions-nous encourir les reproches
de M. d'Ionis et de sa mère. Mais reculer devant
la tâche acceptée, en déclarant que le succès est
douteux et qu'il y aurait profit à transiger, c'est
ce que l'étude approfondie de l'affaire nous in-
terdit, sous peine de mensonge et de trahison.

— Eh bien, non! vous vous trompez! s'écria
madame d'Ionis avec feu : je vous assure que
vous vous trompez! Ce sont là des subtilités

d'avocat qui font illusion à un homme vieilli dans la pratique, mais qu'un jeune homme *sensible* ne doit pas accepter comme une règle absolue de sa conduite... Si votre père s'est chargé du procès, et vous convenez qu'il l'a fait à ma requête, c'est parce qu'il pressentait mes intentions. S'il les avait méconnues, je m'en affligerais et je croirais que l'on n'a pas pour moi dans votre maison l'estime que j'aimerais à vous inspirer. Là où l'on sent que la victoire serait horrible, on ne doit pas craindre de proposer la paix avant la bataille. Agir autrement, c'est se faire une fausse idée du devoir. Le devoir n'est pas une consigne militaire ; c'est une religion, et la religion qui prescrirait le mal, n'en serait pas une. Taisez-vous ! ne me parlez plus de votre mandat ! Ne mettez pas l'ambition de M. d'Ionis au-dessus de mon honneur ; ne faites pas de cette ambition une chose sacrée ; c'est une chose fâcheuse, et rien de plus. Unissez-vous à moi

pour sauver des malheureux. Faites que je puisse
voir en vous un ami selon mon cœur, bien plutôt qu'un légiste infaillible et un avocat impla-
cable !

En me parlant ainsi, elle me tendait la main
et m'inondait du feu enthousiaste de ses beaux
yeux bleus. Je perdis la tête, et, couvrant cette
main de baisers, je me sentis vaincu. Je l'étais
d'avance, j'étais de son avis avant de l'avoir
vue.

Je me défendis cependant encore. J'avais juré
à mon père de ne pas le faire céder aux consi-
dérations de sentiment que sa cliente lui avait
fait pressentir par ses lettres. Madame d'Ionis
ne voulut rien entendre.

— Vous parlez, me dit-elle, en bon fils qui
plaide la cause de son père ; mais j'aimerais mieux
que vous fussiez moins bon avocat.

— Ah ! madame, m'écriai-je étourdiment, ne
me dites pas que je plaide ici contre vous, car

vous me feriez trop haïr un état pour lequel je
sens bien que je n'ai pas l'insensibilité qu'il faudrait.

Je ne vous fatiguerai pas du fond du procès
intenté par la famille d'Ionis à la famille d'Aillane. L'entretien que je viens de rapporter suffit à l'intelligence de mon récit. Il s'agissait d'un
immeuble de cinq cent mille francs, c'est-à-dire
de presque toute la fortune foncière de notre
belle cliente. M. d'Ionis employait fort mal l'immense richesse qu'il possédait de son côté. Il
était perdu de débauche, et les médecins ne lui
donnaient pas deux ans à vivre. Il était très-pos-
sible qu'il laissât à sa veuve plus de dettes que
de bien. Madame d'Ionis, renonçant au bénéfice
de son procès, était donc menacée de retomber,
du faîte de l'opulence, dans un état de médiocrité pour lequel elle n'avait pas été élevée. Mon
père plaignait beaucoup la famille d'Aillane, qui
était infiniment estimable et qui se composait

4.

d'un digne gentilhomme, de sa femme et de ses deux enfants. La perte du procès les jetait dans la misère; mais mon père préférait naturellement se dévouer à l'avenir de sa cliente et la préserver d'un désastre. Là était pour lui le véritable cas de conscience ; mais il m'avait recommandé de ne pas faire valoir cette considération auprès d'elle. « C'est une âme romanesque et sublime, m'avait-il dit, et plus on lui alléguera son intérêt personnel, plus elle s'exaltera dans la joie de son sacrifice ; mais l'âge viendra, et l'enthousiasme passera. Alors, gare aux regrets ! et gare aussi aux reproches qu'elle serait en droit de nous faire pour ne pas l'avoir sagement conseillée ! »

Mon père ne me savait pas aussi enthousiaste que je l'étais moi-même. Retenu par des affaires nombreuses, il m'avait confié le soin de calmer l'élan généreux de cette adorable femme, en nous abritant derrière de prétendus scrupules

qui n'étaient pour lui qu'accessoires. C'était une
pensée très-sage ; mais il n'avait pas prévu et je
n'avais pas prévu moi-même que je partagerais
si vivement les idées de madame d'Ionis. J'étais
dans l'âge où la richesse matérielle n'a aucun
prix dans l'imagination ; c'est l'âge de la richesse
du cœur.

Et puis cette femme qui faisait sur moi l'effet
de l'étincelle sur la poudre ; ce mari haïssable,
absent, condamné par les médecins ; la médiocrité dont on la menaçait et à laquelle elle tendait les bras en riant... que sais-je !

J'étais fils unique, mon père avait quelque
fortune, je pouvais en acquérir aussi. Je n'étais
qu'un bourgeois anobli dans le passé par l'éche-
vinage, et, dans le présent, par la considération
attachée au talent et à la probité ; mais on était
en pleine philosophie, et, sans se croire à la
veille d'une révolution radicale, on pouvait déjà
admettre l'idée d'une femme de qualité ruinée,

épousant un homme du tiers dans l'aisance.

Enfin mon jeune cerveau battait la campagne,
et mon jeune cœur désirait instinctivement la
ruine de madame d'Ionis. Pendant qu'elle me
parlait avec animation des ennuis de l'opulence
et du bonheur d'une douce médiocrité à la Jean-
Jacques Rousseau, j'allais si vite dans mon roman, qu'il me semblait qu'elle daignait le deviner et y faire allusion dans chacune de ses
paroles enivrées et enivrantes.

Je ne me rendis cependant pas ouvertement.
Ma parole était engagée : je ne pouvais que promettre d'essayer de fléchir mon père ; je ne
pouvais faire espérer d'y réussir, je ne l'espérais pas moi-même : je connaissais la fermeté
de ses décisions. La solution approchait ; nous
étions à bout de lenteurs et de procédure éva-
sive. Madame d'Ionis proposait un moyen, dans
le cas où elle m'amènerait à ses vues : c'était
que mon père se fît malade au moment de

plaider, et que la cause me fût confiée... pour la perdre !

J'avoue que je fus effrayé de cette hypothèse et que je compris alors les scrupules de mon père. Tenir dans ses mains le sort d'un client et sacrifier son droit à une question de sentiment, c'est un beau rôle quand on peut le remplir ouvertement par son ordre : mais telle n'était pas la position qui m'était faite. Il fallait, pour M. d'Ionis, sauver les apparences, faire adroitement des maladresses, employer la ruse pour le triomphe de la vertu. J'eus peur, je pâlis, je pleurai presque, car j'étais amoureux, et mon refus me brisait le cœur.

— N'en parlons plus, me dit avec bonté madame d'Ionis, qui parut deviner, si elle ne l'avait déjà fait, la passion qu'elle allumait en moi. Pardonnez-moi d'avoir mis votre conscience à cette épreuve. Non ! vous ne devez pas la sacrifier à la mienne, et il faudra trouver un autre moyen de salut pour ces pauvres adversaires. Nous le chercherons ensemble, car vous êtes avec moi pour eux, je le vois et je le sens, malgré vous ! Il faut que vous restiez près de moi quelques jours. Écrivez à votre père que je résiste et que vous combattez. Nous aurons l'air, pour ma belle-mère, d'étudier ensemble les chances de gain. Elle est persuadée que je suis née procureur, et le ciel m'est témoin qu'avant cette déplorable affaire, je ne m'y entendais pas plus qu'elle, ce qui n'est pas peu dire ! Voyons, ajouta-t-elle en reprenant sa belle et sympathique gaieté, ne nous tourmentons pas et ne soyez pas triste ! Nous viendrons à bout de trouver de nouvelles causes de retard. Tenez, il y en a une bien singulière, bien absurde et qui serait cependant toute-puissante sur l'esprit de la bonne douairière, et même sur celui de M. d'Ionis. Ne la devinez-vous pas ?

— Je cherche en vain.

— Eh bien, il s'agirait de faire parler les
dames vertes.

— Quoi! réellement, M. d'Ionis partagerait
la crédulité de sa mère?

— M. d'Ionis est très-brave, il a fait ses preu-
ves; mais il croit aux esprits et il en a une peur
effroyable. Que les *trois demoiselles* nous défen-
dent de hâter le procès, et le procès dormira
encore.

— Ainsi, vous ne trouvez rien de mieux, pour
satisfaire le besoin que j'éprouve de vous se-
conder, que de me condamner à d'abominables
impostures? Ah! madame, que vous savez donc
l'art de rendre les gens malheureux!

— Comment! vous vous feriez scrupule aussi
de cela? Ne vous êtes-vous pas déjà prêté de
bonne grâce...

— A une plaisanterie sans conséquence, fort
bien! Mais, si M. d'Ionis s'en mêle, et qu'il me
somme de déclarer sur l'honneur...

— C'est vrai! encore une idée qui ne vaut
rien! Reposons-nous de chercher pour aujour-
d'hui. La nuit porte conseil; demain, peut-être
vous proposerai-je enfin quelque chose de possible. La journée s'avance, et j'entends l'abbé
de Lamyre qui nous cherche.

L'abbé de Lamyre était un petit homme charmant. Bien qu'il eût la cinquantaine, il était
encore frais et joli. Il était bon, frivole, bel
esprit, beau diseur, facile, enjoué, et, en fait
d'opinions philosophiques, de l'avis de tous ceux
à qui il parlait, car la question pour lui n'était
pas de persuader, mais de plaire. Il me sauta au
cou et me combla d'éloges dont je fis bon mar-
ché quant à lui, sachant qu'il en était prodigue
avec tout le monde, mais dont je lui sus plus de
gré qu'à l'ordinaire, à cause du plaisir que madame d'Ionis parut prendre à les écouter. Il
vanta mes grands talents comme avocat et
comme poëte, et me força de réciter quelques

vers qui parurent goûtés plus qu'ils ne valaient. Madame d'Ionis, après m'avoir complimenté d'un air ému et sincère, nous laissa ensemble pour vaquer aux soins de sa maison.

L'abbé me parla de mille choses qui ne m'intéressaient pas. J'aurais voulu être seul pour rêver, pour me retracer chaque mot, chaque geste de madame d'Ionis. L'abbé s'attacha à moi, me suivit partout et me fit mille contes ingénieux que je donnai au diable. Enfin la conversation prit un vif intérêt pour moi, quand il voulut bien la replacer sur le terrain brûlant de mes rapports avec madame d'Ionis.

— Je sais ce qui vous amène ici, me dit-il. *Elle* m'en avait parlé d'avance. Sans savoir le jour de votre visite, elle vous attendait. Votre père ne veut pas qu'elle se ruine, et il a parbleu bien raison ! Mais il ne la convaincra pas, et il faudra vous brouiller avec elle ou la laisser faire à sa tête. Si elle croyait aux dames vertes, à la

5

bonne heure ! vous pourriez les faire parler à
son intention ; mais elle n'y croit pas plus que
vous et moi !

— Madame d'Ionis prétend cependant que
vous y croyez un peu, monsieur l'abbé !

— Moi ? elle vous l'a dit ? Oui, oui, je sais
qu'elle traite son petit ami de grand poltron ! Eh
bien, chantez le duo avec elle ; je n'ai pas peur
des dames vertes, je n'y crois pas ; mais je suis
sûr d'une chose qui me fait peur, c'est de les
avoir vues.

— Comment donc arrangez-vous ces choses
contradictoires ?

— C'est bien simple. Il y a des revenants ou
il n'y en a pas. Moi, j'en ai vu, je suis payé pour
savoir qu'il y en a. Seulement, je ne les crois
pas malfaisants, je n'ai pas peur qu'ils me battent.
Je ne suis pas né poltron ; mais je me méfie de
ma cervelle, qui est un salpêtre. Je sais que les
ombres n'ont pas de prise sur les corps, pas

plus que les corps n'ont de prise sur les ombres,
puisque j'ai saisi la manche d'une de ces demoiselles, sans lui trouver aucune espèce de bras.
Depuis ce moment, que je n'oublierai jamais,
et qui a changé toutes mes idées sur les choses
de ce monde et de l'autre, je me suis bien juré
de ne plus braver la faiblesse humaine. Je ne
me soucie pas du tout de devenir fou. Tant pis
pour moi si je n'ai pas la force morale de con-
templer froidement et philosophiquement ce qui
dépasse mon entendement; mais pourquoi m'en
ferais-je accroire? J'ai commencé par me moquer, j'ai appelé et provoqué l'apparition en riant.
L'apparition s'est produite. Bonjour ! j'en ai assez
d'une fois, on ne m'y reprendra plus.

On peut croire que j'étais vivement frappé de
ce que j'entendais. L'abbé y mettait une bonne
foi évidente. Il ne se croyait pas poursuivi par
une manie. Depuis l'émotion qu'il avait éprou-
vée dans la *chambre aux dames*, il n'avait ja-

mais rêvé d'elles, il ne les avait jamais revues.
Il ajoutait qu'il était bien certain que les ombres
ne lui eussent été hostiles et nuisibles en aucune
façon, s'il avait eu le courage nécessaire pour
les examiner.

— Mais je ne l'ai pas eu, ajouta-t-il; car j'ai
presque perdu connaissance, et, me voyant si sot,
j'ai dit : « Approfondisse qui voudra le mystère,
je ne m'en charge pas. Je ne suis pas l'homme
de ces choses-là. »

J'interrogeai minutieusement l'abbé. A très-
peu de détails près, sa vision avait été semblable
à la mienne. Je fis un grand effort sur moi-même
pour ne pas lui laisser pressentir la similitude
de nos aventures. Je le savais trop babillard pour
m'en garder inviolablement le secret, et je re-
doutais les sarcasmes de madame d'Ionis plus
que tous les démons de la nuit : aussi fis-je
très-bonne contenance devant toutes les questions de l'abbé, assurant que rien n'avait troublé

mon sommeil ; et, quand vint le moment de rentrer, à onze heures du soir, dans cette fatale chambre, je promis fort gaiement à la douairière de garder bonne note de mes songes et pris congé de la compagnie d'un air vaillant et enjoué.

Je n'étais pourtant ni l'un ni l'autre. La présence de l'abbé, le souper et la veillée sous les yeux de la douairière avaient rendu madame d'Ionis plus réservée qu'elle ne l'avait été avec moi dans la matinée. Elle semblait aussi me dire dans chaque allusion à notre soudaine et cordiale intimité : « Vous savez à quel prix je vous l'ai accordée ! » J'étais mécontent de moi : je n'avais su être ni assez soumis ni assez en révolte. Il me semblait avoir trahi la mission que mon père m'avait confiée, et cela sans profit pour mes chimères d'amour.

Ma mélancolie intérieure réagissait sur mes impressions, et mon bel appartement me sembla

sombre et lugubre. Je ne savais que penser de
la raison de l'abbé et de la mienne propre. Sans
la mauvaise honte, j'aurais demandé d'être logé
ailleurs, et j'eus un mouvement de colère véritable, lorsque je vis entrer Baptiste avec le maudit
plateau, la corbeille, les trois pains et tout l'at-
tirail ridicule de la veille.

— Qu'est-ce que cela? lui dis-je avec humeur.
Est-ce que j'ai faim? est-ce que je ne sors pas
de table?

— En effet, monsieur, répondit-il. Je trouve
cela bien drôle... C'est mademoiselle Zéphyrine
qui m'a chargé de vous l'apporter. J'ai eu beau
lui dire que vous passiez les nuits à dormir,
comme tout le monde, et non à manger, elle
m'a répondu en riant : « Portez toujours, c'est
l'habitude de la maison. Ça ne gênera pas
votre maître, et vous verrez qu'il ne deman-
dera pas mieux que de laisser cela dans sa
chambre. »

— Eh bien, mon ami, fais-moi le plaisir de le
reporter sans rien dire dans l'office. J'ai besoin
de ma table pour écrire.

Baptiste obéit. Je m'enfermai et me couchai
après avoir écrit à mon père. Je dois dire que je
dormis à merveille et ne rêvai que d'une seule
dame, qui était madame d'Ionis.

Le lendemain, les questions de la douairière
recommencèrent de plus belle. J'eus la gros-
sièreté de déclarer que je n'avais fait aucun rêve
digne de remarque. La bonne dame en fut con-
trariée.

— Je parie, dit-elle à Zéphyrine, que vous
n'avez pas mis le *souper des dames* dans la
chambre de M. Nivières?

— Pardonnez-moi, madame, répondit Zéphyrine en me regardant d'un air de reproche.

Madame d'Ionis semblait me dire aussi, des
yeux, que je manquais d'obligeance. L'abbé s'écria
naïvement :

— C'est singulier! ces choses-là n'arrivent donc qu'à moi?

Il partit après le déjeuner, et madame d'Ionis me donna rendez-vous, à une heure, dans la bibliothèque. J'y étais à midi; mais elle me fit dire par Zéphyrine que d'importunes visites lui étaient survenues et qu'elle me priait de prendre patience. Cela était plus facile à demander qu'à obtenir. J'attendis; les minutes me semblaient des siècles. Je me demandais comment j'avais pu vivre jusqu'à ce jour sans ce tête-à-tête que j'appelais déjà *quotidien*, et comment je vivrais quand il n'y aurait plus lieu de l'attendre. Je cherchais par quels moyens j'en amènerais la nécessité, et, résolu enfin à entraver, de tout mon faible pouvoir, la solution du procès, je m'ingéniais de mille subterfuges qui n'avaient pas le sens commun.

Tout en marchant avec agitation dans la galerie, je m'arrêtais de temps en temps devant la fontaine et m'asseyais quelquefois sur ses bords, entourés de fleurs magnifiques artistement disposées dans les crevasses du rocher brut sur lequel on avait exhaussé le rocher de marbre blanc. Cette base fruste donnait plus de fini à l'œuvre du ciseau et permettait de faire retomber l'eau des vasques en nappes brillantes dans les récipients inférieurs, garnis de plantes fontinales.

Cet endroit était délicieux, et le reflet du vitrail colorié donnait par moments les tons changeants et l'apparence de la vie aux figures fantastiques de la statuaire.

Je regardai la néréide avec un étonnement nouveau, l'étonnement de la trouver belle et de comprendre enfin le sens élevé de cette mystérieuse beauté.

Je ne songeais plus à la critiquer au profit de celle de madame d'Ionis. Je sentais que toute comparaison est puérile entre des choses et des

5.

êtres qui n'ont point de rapport entre eux. Cette fille du génie de Jean Goujon était belle par elle-même. La face était d'une sublime douceur. Elle semblait communiquer à la pensée un sentiment de repos et de bien-être analogue à la sensation de fraîcheur que procurait le murmure continu de ses eaux limpides.

Enfin madame d'Ionis arriva.

— Il y a du nouveau, me dit-elle en s'asseyant familièrement près de moi; voyez l'étrange lettre que je reçois de M. d'Ionis...

Et elle me la montra avec un abandon qui m'émut vivement. J'étais indigné contre ce mari dont les lettres à une telle femme pouvaient être montrées sans embarras au premier venu.

La lettre était froide, longue et diffuse, l'écriture grêle et saccadée, l'orthographe très-douteuse. En voici la substance :

« Vous ne devez pas vous faire de scrupule de mener les choses jusqu'au bout. Je n'en ai aucun

d'invoquer la légalité rigide. Je refuse tout arrangement autre que celui que j'ai proposé aux
d'Aillane, et je veux voir la fin de ce procès. Libre
à vous, quand il sera gagné, de leur tendre une
main secourable. Je ne m'opposerai pas à votre
générosité; mais je ne veux pas de compromis.
Leur avocat m'a offensé dans son plaidoyer en
première instance, et l'appel qu'ils ont interjeté
est d'une présomption qui n'a pas de nom. Je
trouve M. Nivières très-endormi, et je lui en té-
moigne mon déplaisir par le courrier de ce jour.
Agissez de votre côté, stimulez son zèle, à moins
que quelque ordre supérieur ne vous vienne des...
Vous savez ce que je veux dire, et je m'étonne
que vous ne me parliez pas de ce qui a pu être
observé dans la chambre aux... depuis mon départ. Personne n'a-t-il le courage d'y passer une
nuit et d'écrire ce qu'il y aura entendu? Faudra-
t-il s'en tenir aux assertions de l'abbé de Lamyre,
qui n'est pas un homme sérieux? Obtenez d'une

personne *digne de foi* qu'elle tente cette épreuve,
à moins que vous n'ayez la vaillance de la tenter
vous-même, ce dont je ne serais pas surpris. »

En me lisant cette dernière phrase, madame
d'Ionis partit d'un éclat de rire.

— Je trouve M. d'Ionis admirable! dit-elle. Il
me flatte pour m'amener à une épreuve à laquelle
il n'a jamais voulu se prêter pour son compte, et
il s'indigne de la poltronnerie des gens auxquels
rien ne le déciderait à donner l'exemple.

— Ce que je trouve de plus remarquable en
tout ceci, lui dis-je, c'est la foi de M. d'Ionis à
ces apparitions et son respect pour les arrêts
qu'il les croit capables de rendre.

— Vous voyez bien, reprit-elle, que c'était là
le seul moyen de faire fléchir sa rigueur envers les pauvres d'Aillane! Je vous le disais, je
vous le dis encore, et vous ne voulez pas vous
y prêter, quand l'occasion est si belle! On n'irait
peut-être pas, tant l'on est pressé de croire aux

dames vertes, jusqu'à vous demander votre parole d'honneur !

— Il me semble, au contraire, qu'il me faudrait jouer sérieusement ici le rôle d'imposteur, puisque M. d'Ionis demande l'assertion d'une personne *digne de foi*.

— Et puis vous craindriez le ridicule, le blâme, les lazzi qui ne manqueraient pas de s'attacher à vous ! Mais je pourrais vous répondre du silence absolu de M. d'Ionis sur ce point.

— Non, madame, non ! je ne craindrais ni le ridicule ni le blâme, du moment qu'il s'agirait de vous obéir. Mais vous me mépriseriez si je méritais ce blâme par un faux serment. Pourquoi donc, d'ailleurs, ne pas tenter d'amener les d'Aillane à une transaction honorable pour eux ?

— Vous savez bien que celle que M. d'Ionis propose ne l'est pas.

— Vous n'espérez pas modifier ses intentions ?

Elle secoua la tête et se tut. C'était me dire

éloquemment quel homme sans cœur et sans principes était ce mari, indifférent à tant de charmes et livré à tous les désordres.

— Cependant, repris-je, il vous autorise à être généreuse après la victoire.

— Et à qui croit-il donc avoir affaire? s'écria-t-elle en rougissant de colère. Il oublie que les d'Aillane sont l'honneur même et ne recevront jamais, à titre de grâce et de bienfait, ce que l'équité leur fait regarder comme la légitime propriété de leur famille.

Je fus frappé de l'énergie qu'elle mit dans cette réponse.

— Êtes-vous donc très-liée avec les d'Aillane? lui demandai-je. Je ne le pensais pas.

Elle rougit encore et répondit négativement.

— Je n'ai jamais eu de grandes relations avec eux, dit-elle; mais ils sont mes parents assez proches pour que leur honneur et le mien ne fassent qu'un. J'ai la certitude que la volonté de

notre oncle était de leur léguer sa fortune.
D'autant plus que M. d'Ionis, m'ayant épousée
pour ce qu'on appelait mes beaux yeux, n'a
pas eu bonne grâce ensuite vis-à-vis de moi à
me chercher un héritage et à vouloir faire cas-
ser ce testament pour défaut de forme.

Puis elle ajouta :

— Est-ce que vous ne connaissez aucun
d'Aillane ?

— J'ai vu le père assez souvent, les enfants
jamais. Le fils est un officier dans je ne sais
quelle garnison...

— A Tours..., dit-elle vivement.

Puis elle ajouta plus vivement encore.

— A ce que je crois, du moins ?

— On dit qu'il est fort bien ?

— On le dit. Je ne le connais pas depuis qu'il
a âge d'homme.

Cette réponse me rassura. Il m'était passé un
instant par la tête que le motif du désintéresse-

ment magnanime de madame d'Ionis pouvait
bien puiser sa plus grande force dans une passion pour son cousin d'Aillane.

— Sa sœur est charmante, dit-elle ; vous ne
l'avez jamais vue ?

— Jamais. N'est-elle pas encore au couvent ?

— Oui, à Angers. On assure que c'est un ange.
Ne serez-vous pas bien fier quand vous aurez
réussi à plonger dans la misère une fille de
bonne maison, qui comptait, à bon droit, sur
un mariage honorable et sur une vie conforme
à son rang et à son éducation ? C'est là le grand
désespoir qui attend son pauvre père. Mais
voyons, dites-moi vos expédients ; car vous avez
cherché et trouvé quelque chose, n'est-ce pas ?

— Oui ! répondis-je après avoir réfléchi
comme on peut réfléchir dans la fièvre, oui,
madame, j'ai trouvé une solution.

IV

l'immortelle

J'eus à peine donné cette espérance de succès, que je m'effrayai de l'avoir eue moi-même. Mais il n'y avait plus moyen de reculer. Ma belle cliente me pressait de questions.

— Eh bien, madame, lui dis-je, il faut trouver le moyen de faire parler l'oracle, sans jouer le rôle d'imposteur; mais il faut que vous me donniez, sur l'apparition dont ce château passe pour être le théâtre, des détails qui me manquent.

— Voulez-vous voir les vieilles paperasses

d'où j'ai tiré mon extrait? s'écria-t-elle avec
joie. Je les ai ici.

Elle ouvrit un meuble dont elle avait la clef
et me montra une assez longue notice, avec
commentaires écrits à diverses époques par
divers chroniqueurs attachés à la chapelle du
château ou au chapitre d'un couvent voisin qui
avait été sécularisé sous le dernier règne.

Comme je n'étais pas pressé de prendre un
engagement qui eût abrégé le temps accordé à
ma mission, je remis la lecture de ce fantastique
dossier à la veillée, et je me laissai chastement
cajoler par mon enchanteresse. Je m'imaginai
qu'elle y mettait une délicate coquetterie, soit
qu'elle tînt à ses idées au point de se compromettre un peu pour les faire triompher, soit que
ma résistance excitât son légitime orgueil de
femme irrésistible, soit enfin, et je m'arrêtais
avec délices à cette dernière supposition, qu'elle
sentît pour moi une estime particulière.

Elle fut forcée de me quitter : d'autres visites
arrivaient. Il y eut du monde à dîner ; elle me
présenta à ses nobles voisins avec une distinction
marquée, et me témoigna devant eux plus
d'égards que je n'avais peut-être droit d'en attendre. Quelques-uns parurent trouver que c'était
trop pour un petit robin de ma sorte, et tentè-
rent de le lui faire entendre. Elle prouva qu'elle
ne craignait guère la critique, et montra tant de
vaillance à me soutenir, que j'en devins un peu
fou.

Lorsque nous fûmes seuls ensemble, madame
d'Ionis me demanda ce que je comptais faire des
manuscrits relatifs à l'apparition des trois dames
vertes. J'avais la tête montée, il me semblait
que j'étais aimé et que je ne devais plus re-
douter de railleries. Je lui racontai donc ingénument la vision que j'avais eue, et celle, toute
semblable, que m'avait racontée l'abbé de Lamyre.

— Me voilà donc forcé de croire, ajoutai-je,
qu'il est certaines situations de l'âme où, sans
frayeur comme sans charlatanisme et sans su-
perstition, certaines idées se revêtent d'images
qui trompent nos sens, et je veux étudier ce
phénomène, déjà subi par moi, dans les relations sages ou folles de ceux chez lesquels il a
pu se produire. Je ne vous cache pas que, con-
trairement à mes habitudes d'esprit, loin de
me défendre du charme des illusions, je ferai
tout mon possible pour leur abandonner mon
cerveau. Et si, dans cette disposition d'esprit
toute poétique, je réussis à voir et à entendre
quelque fantôme qui me commande de vous
obéir, je ne reculerai pas devant le serment que
pourront exiger ensuite M. d'Ionis et sa mère.
Je ne serai pas forcé de jurer que je crois aux
révélations des esprits et aux apparitions des
morts, car je n'y croirai peut-être pas pour
cela; mais, en affirmant que j'ai entendu des

voix, puisque aujourd'hui même je puis affirmer
que j'ai vu des ombres, je ne serai pas un men-
teur ; et peu m'importe de passer pour un insensé, si vous me faites l'honneur de ne pas
partager cette opinion.

Madame d'Ionis montra un grand étonnement
de ce que je lui disais, et me fit beaucoup de
questions sur ma vision dans la *chambre aux
dames*. Elle m'écouta sans rire, et même elle
s'étonna du calme avec lequel j'avais subi cette
étrange aventure.

— Je vois, me dit-elle, que vous êtes un esprit très-courageux. Quant à moi, à votre place,
j'aurais eu peur, je le confesse. Avant que je
vous permette de recommencer cette épreuve,
jurez-moi que vous n'en serez ni plus effrayé
ni plus affecté que la première fois.

— Je crois pouvoir vous le promettre, lui
répondis-je. Je me sens excessivement calme,
et, dussé-je voir quelque spectacle effrayant,

j'espère rester assez maître de moi-même pour
ne l'attribuer qu'à ma propre imagination.

— Est-ce donc cette nuit que vous voulez faire
cette évocation singulière ?

— Peut-être ; mais je veux d'abord lire tout
ce qui y a rapport. Je voudrais aussi parcourir
quelque ouvrage sur ces matières, non un ouvrage de critique dénigrante, je suis bien assez
porté au doute, mais un de ces vieux traités
naïfs, où, parmi beaucoup d'enfantillages, il peut
se trouver des idées ingénieuses.

— Eh bien, vous avez raison, dit-elle, mais
je ne sais quel ouvrage vous conseiller : je n'ai
guère fouillé dans ces vieux livres. Si vous voulez, demain, chercher dans la bibliothèque...

— Si vous le permettez, je ferai cette étude
tout de suite. Il n'est que onze heures, c'est le
moment où votre maison devient calme et silen-
cieuse. Je veillerai dans la bibliothèque, et, si je
puis venir à bout de m'exalter un peu, je serai

d'autant mieux disposé à retourner dans ma chambre pour offrir aux trois dames le souper commémoratif qui a la vertu de les attirer.

— J'y ferai donc porter le fameux plateau, dit madame d'Ionis en souriant, et j'ai besoin de m'efforcer de trouver cela fort singulier pour n'en être pas un peu émue.

— Quoi! madame, vous aussi...?

— Eh! mon Dieu, reprit-elle, que sait-on? On rit de tout, aujourd'hui; en est-on plus sage qu'autrefois? Nous sommes des créatures faibles qui nous croyons fortes : qui sait si ce n'est point à cause de cela que nous nous rendons plus matériels que Dieu ne le voudrait, et si ce que nous prenons pour de la lucidité n'est pas un aveuglement? Comme moi, vous croyez à l'immortalité des âmes. Une séparation absolue entre les nôtres et celles qui sont dégagées de la matière est-elle chose si claire à concevoir que nous puissions la prouver?

Elle me parla dans ce sens pendant quelques instants, avec beaucoup d'esprit et d'imagination; puis elle me quitta un peu troublée, en me suppliant, pour peu que j'eusse quelque trouble moi-même et que je vinsse à être assiégé d'idées noires, de ne pas donner suite à mon projet. J'étais si heureux et si touché de sa sollicitude, que je lui exprimai mon regret de n'avoir pas un peu de peur à braver pour lui marquer mon zèle.

Je remontai à ma chambre, où Zéphyrine avait déjà disposé la corbeille; Baptiste voulait m'en débarrasser.

— Laisse cela, lui dis-je, puisque c'est l'habitude de la maison, et va te coucher. Je n'ai pas plus besoin de toi que les autres jours.

— Mon Dieu, monsieur, me dit-il, si vous le permettiez, je passerais la nuit sur un fauteuil dans votre chambre.

— Et pourquoi cela, mon ami?

— Parce qu'on dit qu'il y revient. Oui, oui,
monsieur, j'ai fini par comprendre les domestiques. Ils ont grand'peur, et, moi qui suis un
vieux soldat, je serais content de leur prouver
que je ne suis pas si sot qu'eux.

Je refusai et le laissai arranger ma couverture,
pendant que je descendais à la bibliothèque, après
lui avoir dit de ne pas m'attendre.

Je parcourus cette immense salle avant de me
mettre au travail, et je m'y enfermai avec soin,
dans la crainte d'y être troublé par quelque valet curieux ou moqueur. Puis j'allumai un chan-
delier d'argent à plusieurs branches et com-
mençai à dépouiller le fantastique dossier relatif
aux dames vertes.

Les apparitions fréquentes, observées et rap-
portées avec détail, des trois demoiselles d'Ionis,
coïncidaient de tout point avec ce que j'avais vu
et avec ce que l'abbé m'avait raconté. Mais ni
lui ni moi n'avions poussé la foi, ou le courage,

6

jusqu'à interroger les fantômes. D'autres l'avaient fait, disaient les chroniqueurs, et il leur avait été donné de voir les trois vierges, non plus sous l'apparence de nuages verdâtres, mais dans tout l'éclat de leur jeunesse et de leur beauté ; non pas toutes à la fois, mais une en particulier, pendant que les deux autres se tenaient à l'écart. Alors, cette funèbre beauté répondait à toutes les questions *sérieuses et décentes* que l'on voulait lui adresser. Elle dévoilait les secrets du passé, du présent et de l'avenir. Elle donnait de judicieux conseils. Elle enseignait les trésors cachés à ceux qui étaient capables d'en bien user en vue du salut. Elle disait les malheurs à éviter, les fautes à réparer ; elle parlait au nom du ciel et des anges ; enfin, c'était une puissance bienfaisante pour ceux qui la consultaient avec de bons et pieux desseins. Elle n'était grondeuse et menaçante qu'avec les railleurs, les libertins et les impies. Le manuscrit disait : « D'une in-

tention méchante et fallacieuse, on leur a vu
faire de grandes punitions, et ceux qui ne s'y
porteront que par malice et vaine curiosité peuvent s'attendre à des choses épouvantables,
qu'ils seront bien marris d'avoir cherchées. »

Sans s'expliquer sur ces choses épouvantables, le manuscrit donnait la formule de l'évocation et tous les rites à observer, avec un si
grand sérieux et une si naïve bonne foi, que je
m'y laissai aller. L'apparition prenait dans mon
imagination des couleurs merveilleuses qui me
séduisaient et me faisaient réellement désirer,
plutôt que craindre, d'être gagné par la persua-
sion. Je ne me sentais nullement attristé et glacé
par l'idée de voir marcher et d'entendre parler
des morts. Tout au contraire, je m'exaltais dans
des rêves élyséens, et je voyais une Béatrix se
lever dans les rayons de mon empyrée.

— Et pourquoi n'aurais-je pas ces rêves, m'é-
criai-je intérieurement, puisque j'ai eu le pro-

logue de la vision ? Ma sotte terreur m'a rendu
indigne et incapable d'être initié plus avant aux
révélations swedenborgistes, auxquelles croient
d'excellents esprits, et dont j'ai eu le tort de me
moqner. Je dépouillerai le vieil homme avec
plaisir, car ceci est plus riant et plus sain pour
l'âme d'un poëte que la froide négation de notre
siècle. Si je passe pour fou, si je le deviens,
qu'importe ! j'aurai vécu dans une sphère idéale,
et je serai peut-être plus heureux que tous les
sages de la terre.

Je me parlais ainsi à moi-même, la tête dans
mes mains. Il était environ deux heures du matin, et le plus profond silence régnait dans le
château et dans la campagne, lorsqu'une musique douce et charmante, qui semblait partir de
la rotonde, m'arracha à ma rêverie. Je levai la
tête et reculai le flambeau placé devant moi,
pour voir de qui me venait cette gracieuseté
musicale. Mais les quatre bougies qui éclairaient

pleinement ma table de travail ne suffisaient pas
à me faire distinguer même le fond de la salle,
à plus forte raison, la rotonde placée au delà.

Je me dirigeai aussitôt vers cette rotonde, et,
n'étant plus offusqué d'une autre lumière, je
distinguai les parties supérieures du beau groupe
de la fontaine, éclairées en plein par la lune,
qui donnait dans une des fenêtres en voussure
de la coupole. Le reste de la salle circulaire était
dans l'ombre. Pour m'assurer que j'étais seul,
comme il me semblait l'être, j'ouvris le volet de
la grande porte vitrée qui donnait sur le par-
terre, et je vis qu'en effet il n'y avait personne.
La musique avait semblé diminuer et se perdre
à mesure que j'approchais, et je ne l'entendais
presque plus. Je passai dans l'autre galerie, que
je trouvai également déserte, mais où les sons
qui m'avaient charmé se firent de nouveau entendre très-distincts, comme s'ils partaient, cette
fois, de derrière moi.

G.

Je m'arrêtai sans me retourner, pour les écouter. Ils étaient doux et plaintifs et ne formaient aucune combinaison mélodique que je fusse en état de comprendre. C'était plutôt une suite d'accords vagues, très-mystérieux, formés comme au hasard, et par des instruments qu'il m'eût été impossible de nommer, car leur timbre ne ressemblait à rien qui me fût connu. L'ensemble en était agréable, quoique très-mélancolique.

Je revins sur mes pas et m'assurai que ces voix, si on pouvait les appeler ainsi, partaient bien réellement de la conque des tritons et des sirènes de la fontaine, augmentant et diminuant d'intensité selon que l'eau, qui était devenue irrégulière et intermittente, se pressait ou se ralentissait dans les vasques.

Je ne vis rien là de fantastique, car je me rappelai avoir entendu parler de ces girandes italiennes qui produisaient, au moyen de l'air

comprimé par l'eau, des orgues hydrauliques
plus ou moins réussies. Celles-ci étaient fort
douces et très-justes, peut-être parce qu'elles
ne jouaient aucun air et ne faisaient que sou-
pirer des accords harmoniques, comme font les
harpes éoliennes.

Je me souvins aussi que madame d'Ionis
m'avait parlé de cette musique en me disant
qu'elle était dérangée, et que parfois elle se
mettait à aller toute seule pendant quelques
instants.

Cette explication ne m'empêcha pas de poursuivre le cours de mes songeries poétiques.
J'étais reconnaissant envers la capricieuse fontaine qui voulait bien chanter pour moi seul,
par une si belle nuit et au milieu d'un si religieux silence.

Vue ainsi au clair de la lune, elle était d'un
effet prestigieux. Elle semblait verser, dans les
frais roseaux placés sur ses bords, une pluie de

diamants verts. Les tritons, immobiles dans
leurs mouvements tumultueux, avaient quelque
chose d'effrayant, et leurs plaintes mourantes,
mêlées au petit bruit des cascatelles, les faisaient
paraître comme désespérés d'avoir leurs esprits violents enchaînés dans des corps de marbre. On eût dit d'une scène de la vie païenne
pétrifiée tout à coup sous le geste souverain de
la néreide.

Je me rendis compte alors de l'espèce d'effroi
que cette nymphe m'avait causé en plein jour,
avec son calme superbe au milieu de ces monstres tordus sous ses pieds.

— Une âme impassible peut-elle exprimer la
vraie beauté? pensai-je; et, si cette créature de
marbre venait à s'animer, toute magnifique
qu'elle est, ne ferait-elle pas peur, par cet air
de suprème indifférence qui la rend trop supérieure aux êtres de notre race?

Je la regardai attentivement dans le reflet de

la lune qui baignait ses blanches épaules et dé-
tachait sa petite tête posée sur un cou élancé et
puissant comme un fût de colonne. Je ne pouvais distinguer ses traits, car elle était placée
à une certaine hauteur ; mais son attitude dé
gagée se dessinait en lignes brillantes d'une
grâce incomparable.

— C'est véritablement là, pensai-je, l'idée que
j'aimerais à me faire de la dame verte, car il est
certain que, vue ainsi...

Tout à coup, je cessai de raisonner et de
penser. Il me semblait voir remuer la statue.

Je crus qu'un nuage passait sur la lune et pro-
duisait cette illusion ; mais ce n'en était pas une.
Seulement, ce n'était pas la statue qui remuait,
c'était une forme qui se levait de derrière elle,
ou d'à côté d'elle, et qui me paraissait toute
semblable, comme si un reflet animé se fût dé-
taché de ce corps de marbre et l'eût quitté pour
venir à moi.

Je doutai un instant du témoignage de mes yeux ; mais cela devint si distinct, si évident, que je fus persuadé bientôt de voir un être réel, et que je n'éprouvai aucun sentiment de terreur, ni même de très-grande surprise.

L'image vivante de la néréide descendait, comme en voltigeant, les plans inégaux du monument. Ses mouvements avaient une aisance et une grâce idéales. Elle n'était pas beaucoup plus grande qu'une femme réelle, bien que l'élégance de ses proportions lui conservât ce cachet de beauté exceptionnelle qui m'avait effrayé dans la statue ; mais je n'éprouvais plus rien de semblable, et mon admiration tenait de l'extase. Je lui tendais les bras pour la saisir, car il me semblait qu'elle allait s'élancer jusqu'à moi en franchissant un escarpement de cinq à six pieds qui nous séparait encore.

Je me trompais. Elle s'arrêta sur le bord de la rocaille et me fit signe de m'éloigner.

J'obéis machinalement et je la vis s'asseoir
sur un dauphin de marbre, qui se mit à pousser
de véritables rugissements. Aussitôt toutes ces
voix hydrauliques grossirent comme une tempête
et formèrent un concert vraiment diabolique autour d'elle.

Je commençais à en avoir les nerfs agacés,
lorsqu'une lumière glauque, qui ne semblait être
qu'un clair de lune plus brillant, jaillit je ne sais
d'où, et me montra nettement les traits de la néréide vivante, si semblables à ceux de la statue,
que j'eus besoin de regarder encore celle-ci pour
m'assurer qu'elle n'avait pas quitté son siége de
pierre.

Alors, sans plus songer à rien expliquer, sans
désirer de rien comprendre, je m'enivrai, dans
une muette stupeur, de la beauté surnaturelle
de l'apparition. L'effet qu'elle produisit sur moi
fut si absolu, que je n'eus pas même la pensée
de m'approcher pour m'assurer de son immaté

rialité, comme j'avais fait lorsqu'elle s'était produite dans ma chambre.

Si j'y songeai, ce dont je ne saurais me rendre compte, la crainte de la faire évanouir par
une curiosité audacieuse me retint probablement.

Comment n'aurais-je pas été maîtrisé par le
désir d'en rassasier mes yeux? C'était la néréide
sublime, mais avec des yeux vivants, des yeux
clairs, d'une douceur fascinatrice, et des bras
nus, aux contours de chair transparente et aux
mouvements moelleux comme ceux de l'enfance.
Cette fille du ciel semblait avoir quinze ans tout
au plus. Elle exprimait la forte chasteté de l'ado-
lescence par l'ensemble de sa forme, tandis que
son visage s'éclairait des séductions de la femme
arrivée au développement de l'âme.

Sa parure étrange était exactement celle de
la néréide : une robe ou tunique flottante, faite
de je ne sais quel tissu merveilleux dont les

plis moelleux semblaient avoir été mouillés; un
diadème ciselé avec un soin exquis, et des flots
de perles s'enroulant aux tresses d'une chevelure
splendide, avec ce mélange de luxe singulier et
de caprice heureux qui caractérise le goût de la
renaissance; un contraste charmant et bizarre
entre le vêtement tout simple, qui ne puisait sa
richesse que dans l'aisance de son arrangement
et le fini minutieux des bijoux et des mignardises
de la coiffure.

Je l'aurais regardée toute ma vie sans m'aviser
de lui parler. Je ne m'apercevais pas du silence
qui avait succédé au vacarme de la fontaine. Je
ne sais même pas si je la contemplai un instant
ou une heure. Il me sembla tout d'un coup que
je l'avais toujours vue, toujours connue :
c'est peut-être que je vivais un siècle par seconde.

Elle me parla la première. J'entendis et ne
compris pas tout de suite, car le timbre d'argent

7

de sa voix était surnaturel comme sa beauté et en complétait le prestige.

Je l'écoutais comme une musique, sans chercher à ses paroles un sens déterminé.

Enfin, je fis un effort pour secouer cette ivresse, et j'entendis qu'elle me demandait si je la voyais. Je ne sais pas ce que je lui répondis, car elle ajouta :

— Sous quelle apparence me vois-tu?

Et je remarquai seulement alors qu'elle me tutoyait.

Je me sentis entraîné à lui répondre de même; car, si elle me parlait en reine, je lui parlais, moi, comme à la Divinité.

— Je te vois, lui dis-je, comme un être auquel rien ne peut être comparé sur la terre.

Il me sembla qu'elle rougissait; car mes yeux s'étaient habitués à la lueur vert de mer dont elle semblait baignée. Je la voyais blanche comme un lis, avec les fraîches couleurs de la jeunesse sur les joues. Elle eut un sourire mélancolique qui l'embellit encore.

— Que vois-tu en moi d'extraordinaire? me dit-elle.

— La beauté, répondis-je brièvement.

J'étais trop ému pour en dire davantage.

— Ma beauté, reprit-elle, c'est en toi qu'elle se produit; car elle n'existe pas par elle-même sous une forme que tu puisses apprécier. Il n'y a ici de moi que ma pensée. Parle-moi donc comme à une âme et non comme à une femme. Quel conseil avais-tu à me demander?

— Je ne m'en souviens plus.

— D'où vient cet oubli ?

— De ta présence.

— Essaye de te rappeler.

— Non, je ne veux pas !

— Alors, adieu !

— Non ! non ! m'écriai-je en m'approchant d'elle comme pour la retenir, mais en m'arrêtant avec terreur, car la lueur pâlit subitement, et l'apparition sembla s'effacer. Au nom du ciel, restez ! repris-je avec angoisse. Je suis soumis, je suis chaste dans mon amour.

— Quel amour? demanda-t-elle en redevenant brillante.

— Quel amour? Je ne sais pas, moi ! Ai-je parlé d'amour? Eh bien, oui, je me souviens ! J'aimais hier une femme, et je voulais lui plaire, faire sa volonté au risque de trahir mon devoir. Si vous êtes une pure essence, comme je le crois, vous savez toutes choses. Dois-je donc vous expliquer... ?

— Non ; je sais les faits qui intéressent la postérité de la famille dont j'ai porté le nom. Mais je ne suis pas la Divinité, je ne lis pas dans les âmes. Je ne savais pas que tu aimais...

— Je n'aime personne ! A l'heure qu'il est, je n'aime rien sur la terre, et je veux mourir si, dans une autre région de la vie, je peux vous suivre !

— Tu parles dans le délire. Pour être heureux dans la mort, il faut avoir été pur dans la vie. Tu as un devoir difficile à remplir; et c'est pourquoi tu m'as appelée. Fais donc ton devoir ou tu ne me reverras plus.

— Quel est-il, ce devoir ? Parlez ; je ne veux plus obéir qu'à vous seule.

— Ce devoir, répondit la néréide en se penchant vers moi et en me parlant si bas, que j'avais peine à distinguer sa voix du frais murmure de l'eau, c'est d'obéir à ton père. Et puis tu diras à la femme généreuse qui veut se sacrifier que ceux qu'elle plaint la béniront toujours, mais ne veulent point accepter son sacrifice. Je connais leurs pensées, car ils m'ont appelée et consultée. Je sais qu'ils luttent pour leur honneur, mais qu'ils ne sont pas effrayés de ce que les hommes appellent la pauvreté. Il

n'y a pas de pauvreté pour les âmes fières. Dis
cela à celle qui t'interrogera demain, et ne cède
pas à l'amour qu'elle t'inspire jusqu'à trahir ta
religion de famille.

— J'obéirai, je le jure! Et, à présent, révélez-
moi les secrets de la vie éternelle. Où est votre
âme maintenant? quelles facultés nouvelles
a-t-elle acquises dans ce renouvellement?...

— Je ne puis te répondre que ceci : La mort
n'existe pas ; rien ne meurt ; mais les choses de
l'autre vie sont bien différentes de ce que l'on
s'imagine dans le monde où tu es. Je ne t'en
dirai pas davantage, ne m'interroge pas.

— Dites-moi, au moins, si je vous reverrai
dans cette autre vie.

— Je l'ignore.

— Et dans celle-ci?

— Oui, si tu le mérites.

— Je le mériterai! Dites-moi encore... Puisque
vous pouvez diriger et conseiller ceux qui vivent

dans ce monde, ne pouvez-vous pas les plaindre?

— Je le peux.

— Et les aimer?

— Je les aime tous comme des frères avec qui j'ai vécu.

— Aimez-en un plus que les autres. Il fera des miracles de courage et de vertu pour que vous vous intéressiez à lui.

— Qu'il fasse ces miracles, et il me retrouvera dans ses pensées. Adieu!

— Attendez, oh! mon Dieu, attendez! On croit que vous donnez comme gage de votre protection, et comme moyen de vous évoquer de nouveau, une bague magique à ceux qui ne vous ont pas offensée. Est-ce vrai? et me la donnerez-vous?

— Des esprits grossiers peuvent seuls croire à la magie. Tu ne saurais y croire, toi qui parles de la vie éternelle et qui cherches la vérité

divine. Par quel moyen une âme, qui se com-
munique à toi sans le secours d'organes réels,
pourrait-elle te donner un objet matériel et
palpable !

— Pourtant, je vois à votre doigt une bague
étincelante.

— Je ne puis voir ce que tes yeux voient.
Quelle bague crois-tu voir ?

— Un large anneau avec une émeraude en
forme d'étoile enchâssée dans l'or.

— Il est étrange que tu voies cela, dit-elle
après un moment de silence ; les opérations
involontaires de la pensée humaine, et la con-
nexion de ses rêves avec certains faits évanouis,
renferment peut-être des mystères providentiels.
La science de ces choses inexplicables n'appar-
tient qu'à celui qui sait la cause et la raison de
tout. La main que tu crois voir n'existe que dans
ton cerveau. Ce qui reste de moi dans la tombe
te ferait horreur ; mais peut-être me vois-tu

telle que j'ai été sur la terre. Dis-moi comment
tu me vois.

Je ne sais quelle description enthousiaste je
lui fis d'elle-même. Elle parut écouter avec
attention et me dit :

— Si je ressemble à la statue qui est ici, tu
ne dois pas t'en étonner, car je lui ai servi de
modèle. Tu réveilles par là, en moi, le souvenir
effacé de ce que j'ai été, et jusqu'aux pierreries
que tu décris, je me souviens de m'en être parée.
La bague que tu crois voir, je l'ai perdue dans
une chambre de ce château que j'habitais ; elle
tomba entre deux pierres disjointes sous l'âtre
de la cheminée. Je devais faire lever la pierre le
lendemain ; mais, le lendemain, j'étais morte.
Peut-être la retrouveras-tu si tu la cherches. En
ce cas, je te la donne en souvenir de moi et
du serment que tu m'as fait de m'obéir. Voici le
jour, adieu !

Cet adieu me causa la plus atroce douleur que

j'eusse jamais ressentie ; je perdis la tête et
faillis m'élancer encore pour retenir l'ombre enchanteresse, car peu à peu je m'étais assez rap-
proché d'elle pour être à portée de saisir le bord
de son vêtement, si j'eusse osé le toucher ; mais
je n'osai pas. J'avais oublié, il est vrai, les me-
naces de la légende contre ceux qui tentaient de
commettre cette profanation ; j'étais seulement
retenu, et comme anéanti, par un respect superstitieux ; mais un cri de désespoir sorti de
ma poitrine alla vibrer jusque dans les conques
marines des tritons de la fontaine.

L'ombre s'arrêta, comme retenue par la pitié.

— Que veux-tu encore ? me dit-elle. Voici le
jour, je ne puis rester.

— Pourquoi donc ? Si tu le voulais !

— Je ne dois pas revoir le soleil de cette
terre. J'habite l'éternelle lumière d'un monde
plus beau.

— Emmène-moi dans ce monde ! je ne veux

plus rester dans celui-ci ; je n'y resterai pas, je le jure, si je ne dois plus te revoir.

— Tu me reverras, sois tranquille, dit-elle. Attends l'heure où tu en seras digne, et, jusque là, ne m'évoque plus. Je te le défends. Je veillerai sur toi comme une providence invisible, et, le jour où ton âme sera aussi pure qu'un rayon du matin, je t'apparaîtrai par la seule évocation de ton pieux désir. Soumets-toi !

— Soumets-toi ! répéta une voix grave qui résonna à ma droite.

Je me retournai et vis un des fantômes que j'avais déjà vus dans ma chambre, lors de la première apparition.

— Soumets-toi ! répéta comme un écho une voix toute pareille, à ma gauche.

Et je vis le second fantôme.

Je n'en fus pas ému, bien que ces deux spectres eussent, dans la hauteur de leur taille et dans le timbre profond de leur voix, quelque

chose de lugubre. Mais que m'importait, à moi,
de voir ou d'entendre des choses horribles ?
Rien ne pouvait m'arracher au ravissement où
j'étais plongé. Je ne m'arrêtai même pas à regarder ces ombres accessoires ; je cherchais des
yeux ma céleste beauté. Hélas ! elle avait disparu, et je ne voyais plus que l'immobile néréide de la fontaine, avec sa pose impassible et
les tons froids du marbre bleu par les reflets
du matin.

Je ne sais ce que devinrent ses sœurs; je ne
les vis pas sortir. Je tournais autour de la fontaine comme un insensé. Je croyais être endormi et je m'étourdissais dans la confusion de
mes idées, avec l'espoir de ne pas m'éveiller.

Mais je me rappelai la bague promise, et
montai à ma chambre, où je trouvai Baptiste,
qui me parla, sans que je vinsse à bout de savoir de quoi. Il me sembla troublé, peut-être à
cause de l'expression de ma figure, mais je ne

pensai pas à l'interroger. Je cherchai dans l'âtre et j'y remarquai bientôt deux pierres mal jointes. Je m'efforçai de les soulever. C'était une entreprise impossible sans les outils nécessaires.

Baptiste me croyait probablement fou, et, cherchant machinalement à m'aider :

— Est-ce que monsieur a perdu quelque chose ? dit-il.

— Oui, j'ai laissé tomber là, hier, une de mes bagues.

— Une bague ?... Monsieur ne porte pas de bagues, je ne lui en ai pas vu.

— C'est égal. Tàchons de la trouver.

Il prit un couteau, gratta la pierre tendre pour élargir la fente, enleva la cendre et le ciment en poudre qui la remplissait, et, tout en travaillant à me satisfaire, il me demanda comment était faite cette bague, de l'air dont il m'eût demandé ce que j'avais rêvé.

— C'est une bague d'or avec une étoile faite

d'une grosse émeraude, répondis-je avec l'a-
plomb de la certitude.

Il ne douta plus, et, détachant une tringlette
des rideaux de vitrage, il la recourba en crochet
et atteignit la bague, qu'il me présenta en souriant. Il pensait, sans oser le dire, que c'était un
don de madame d'Ionis.

Quant à moi, je la regardai à peine, tant
j'étais sûr que c'était celle dont j'avais vu l'ombre; elle était effectivement toute semblable. Je
la passai à mon petit doigt, ne doutant pas
qu'elle n'eût appartenu à la défunte demoiselle
d'Ionis et que je n'eusse vu le spectre de cette
merveilleuse beauté.

Baptiste mit beaucoup de discrétion dans sa
conduite. Persuadé que j'avais eu une très-belle
aventure, car il m'avait attendu toute la nuit, il
me quitta en m'engageant à me coucher.

On pense bien que je n'y songeais guère. Je
m'assis devant la table, que Baptiste avait débar-

rassée du fameux souper aux trois pains, et,
pour m'erforcer de ressaisir l'ivresse de ma vision, dont je craignais d'oublier·quelque chose,
je me mis à en écrire la relation fidèle, telle
qu'on vient de la lire.

Je demeurai dans cette agitation mêlée d'extase
jusqu'après le lever du soleil. Je m'assoupis un
peu, les coudes sur ma table et crus refaire mon
rêve; mais il m'échappa bien vite et Baptiste
vint m'arracher à la solitude où j'aurais dès lors
voulu achever ma vie.

Je m'arrangeai de manière à ne descendre
qu'au moment où l'on devait se mettre à table.
Je ne m'étais pas encore demandé comment je
rendrais compte de la vision ; j'y songeai en faisant semblant de déjeuner, car je ne mangeai
pas, et, sans me sentir fatigué ni malade, j'éprouvais un invincible dégoût pour les fonctions de la
vie animale.

La douairière, qui ne voyait pas très-bien, ne

s'aperçut pas de mon trouble. Je répondis à ses questions ordinaires avec le vague des jours précédents, mais, cette fois, sans jouer aucune comédie, et avec la préoccupation d'un poëte que l'on interroge bêtement sur le sujet de son poëme, et qui répond avec ironie des choses évasives pour se délivrer d'investigations abrutissantes. Je ne sais si madame d'Ionis fut inquiète ou étonnée de me voir ainsi. Je ne la regardai pas, je ne la vis pas. Je compris à peine ce qu'elle me disait, tout le temps que dura cette contrainte mortelle du déjeuner.

Enfin, je me trouvai seul dans la bibliothèque, l'attendant comme les autres jours, mais sans impatience aucune. Loin de là, j'éprouvais une vive satisfaction à me noyer dans mes rêveries. Il faisait un temps admirable; le soleil embrasait les arbres et les terrains en fleur, au delà des grandes masses d'ombre transparente que projetait l'architecture du château sur les pre-

miers plans du jardin. Je marchais d'un bout à
l'autre de cette vaste salle, m'arrêtant chaque
fois que je me trouvais devant la fontaine. Les
fenêtres et les rideaux étaient fermés à cause de
la chaleur. Ces rideaux étaient d'un bleu doux
que je voulais voir verdâtre, et, dans ce cré-
puscule artificiel qui me retraçait quelque chose
de ma vision, j'éprouvais un bien-être incroya-
ble et une sorte de gaieté délirante.

Je parlais tout haut, et je riais sans savoir de
quoi, lorsque je me sentis serrer le bras assez
brusquement. Je me retournai et vis madame
d'Ionis, qui était entrée sans que j'y fisse attention.

— Voyons ! répondez-moi ; voyez-moi, au
moins ! me dit-elle avec un peu d'impatience.
Savez-vous que vous me faites peur, et que je
ne sais plus que penser de vous ?

— Vous l'avez voulu, lui répondis-je, j'ai joué
avec ma raison ; je suis fou. Mais ne vous en

faites pas de reproche ; je suis bien plus heureux ainsi, et ne souhaite pas de guérir.

— Ainsi, reprit-elle en m'examinant avec inquiétude, cette apparition n'est pas un conte ridicule ? du moins, vous croyez... vous l'avez vue se produire ?

— Mieux que je ne vous vois en ce moment ?

— Ne le prenez pas sur ce ton d'orgueil enivré : je ne doute pas de vos paroles. Racontez-moi tranquillement...

— Rien ! jamais ! je vous supplie de ne pas me questionner. Je ne peux pas, je ne veux pas répondre.

— En vérité, la société des spectres ne vous vaut rien, cher monsieur, et vous me feriez croire que l'on vous a dit des choses singulièrement flatteuses, car vous voilà fier et discret comme un amant heureux !

— Ah ! que dites-vous là, madame ! m'écriai-je. Il n'y a pas d'amour possible entre deux êtres

que sépare l'abîme du tombeau... Mais vous ne
savez pas de quoi vous parlez, vous ne croyez à
rien, vous vous moquez de tout!

J'étais si rude dans mon enthousiasme, qu
madame d'Ionis fut piquée.

— Il y a une chose dont je ne me moque pas,
dit-elle avec vivacité : c'est mon procès, et,
puisque vous m'avez promis, sur l'honneur, de
consulter un·oracle mystérieux et de vous con-
former à ses arrêts...

— Oui, répondis-je en lui prenant la main
avec une familiarité très-déplacée, mais très-
calme, dont elle ne s'offensa pas, tant elle com-
prit l'état de mon âme; oui, madame, pardonnez-moi mon trouble et mon oubli. C'est par
dévouement pour vous que j'ai joué un jeu bien
dangereux, et je vous dois, au moins, compte
du résultat. Il m'a été prescrit d'obéir aux intentions de mon père et de vous faire gagner votre
procès.

Soit qu'elle s'attendît à cette réponse, soit qu'elle fût en doute de ma lucidité, madame d'Ionis ne marqua ni surprise ni contrariété. Elle se contenta de lever les épaules, et, me secouant le bras comme pour me réveiller :

— Mon pauvre enfant, dit-elle, vous avez rêvé, et rien de plus. J'ai partagé un instant votre exaltation, j'ai espéré du moins qu'elle vous ramènerait à la notion de délicatesse et d'équité qui est au fond de votre âme. Mais je ne sais quels scrupules exagérés, ou quelles habitudes d'obéissance passive envers votre père, vous ont fait entendre des paroles chimériques. Sortez de ces illusions. Il n'y a pas eu de spectres, il n'y a pas eu de voix mystérieuse; vous vous êtes monté la tête avec l'indigeste lecture du vieux manuscrit et les contes bleus de l'abbé de Lamyre. Je vais vous expliquer ce qui vous est arrivé.

Elle me parla assez longtemps ; mais je fis de

vains efforts pour l'écouter et la comprendre. Il
me semblait, par moments, qu'elle me parlait
une langue inconnue. Quand elle vit que rien
n'arrivait de mon oreille à mon esprit, elle s'inquiéta sérieusement de moi, me toucha le poi-
gnet pour voir si j'avais la fièvre, me demanda
si j'avais mal à la tête, et me conjura d'aller me
reposer. Je compris qu'elle me permettait d'être
seul et je courus avec joie me jeter sur mon lit,
non que je ressentisse la moindre fatigue, mais
parce que je m'imaginais toujours revoir la céleste beauté de mon immortelle, si je parvenais
à m'endormir.

Je ne sais comment se passa le reste de la
journée. Je n'en eus pas conscience. Le lendemain matin, je vis Baptiste marchant par la
chambre sur la pointe du pied.

— Que fais-tu là, mon ami? lui demandai-je.

— Je vous veille, mon cher monsieur, répondit-il. Dieu merci, vous avez dormi deux

bonnes heures. Vous vous sentez mieux, n'est-
ce pas ?

— Je me sens très-bien. J'ai donc été malade ?

— Vous avez eu un gros accès de fièvre hier
au soir, et cela a duré une partie de la nuit. C'est
l'effet de la grande chaleur. Vous ne pensez jamais à mettre votre chapeau quand vous allez
au jardin ! Pourtant madame votre mère vous
l'avait si bien recommandé !

Zéphyrine entra, s'informa de moi avec beaucoup d'intérêt, et m'engagea à prendre *encore*
une cuillerée de *ma* potion calmante.

— Soit, lui dis-je, bien que je n'eusse aucun
souvenir de cette potion : un hôte malade est in-
commode, et je ne demande qu'à guérir vite.

La potion me fit réellement grand bien, car
je dormis encore et rêvai de mon immortelle.
Quand j'ouvris les yeux, je vis, au pied de mon
lit, une apparition qui m'eût charmé l'avant-
veille, mais qui me contraria comme un reproche

importun. C'était madame d'Ionis, qui venait elle-même s'informer de moi et surveiller les soins que l'on me donnait. Elle me parla avec amitié et me marqua de l'intérêt véritable. Je la remerciai de mon mieux et l'assurai que je me portais fort bien.

Alors apparut la tête grave d'un médecin, qui examina mon pouls et ma langue, me prescrivit le repos, et dit à madame d'Ionis :

— Ce ne sera rien. Empêchez-le de lire, d'écrire et de causer jusqu'à demain, et il pourra retourner dans sa famille après-demain.

Resté seul avec Baptiste, je l'interrogeai.

— Mon Dieu, monsieur, me dit-il, je suis bien embarrassé pour vous répondre. Il paraît que la chambre où vous étiez passe pour être hantée...

— La chambre où j'étais? Où suis-je donc?

Je regardai autour de moi, et, sortant de ma torpeur, je reconnus enfin que je n'étais plus dans la *chambre aux dames*, mais dans un autre appartement du château.

— Pour moi, monsieur, reprit Baptiste, qui était un esprit très-positif, j'ai dormi dans cette chambre et n'y ai rien vu. Je ne crois pas du tout à ces histoires-là. Mais, quand j'ai entendu que vous vous tourmentiez dans la fièvre, parlant toujours d'une belle dame qui existe et qui n'existe pas, qui est morte et qui est vivante... que sais-je ce que vous n'avez pas dit là-dessus! c'était si joli quelquefois, que j'aurais voulu le retenir, ou savoir écrire pour le conserver; mais cela vous faisait du mal, et j'ai pris le parti de vous apporter ici, où vous êtes mieux. Voyez-vous, monsieur, tout ça vient de ce que vous faites trop de vers. Monsieur votre père le disait bien, que ça dérangeait les idées! Vous feriez mieux de ne penser qu'à vos dossiers.

— Tu as certainement raison, mon cher Baptiste, répondis-je, et je tâcherai de suivre ton conseil. Il me semble, en effet, que j'ai eu un accès de folie.

— De folie? Oh! non pas, monsieur, Dieu merci! Vous avez battu la campagne dans la fièvre, comme ça peut arriver à tout le monde; mais voilà que c'est fini, et, si vous voulez prendre un peu de bouillon de poulet, vous vous retrouverez dans vos esprits comme vous y étiez auparavant.

Je me résignai au bouillon de poulet, bien que j'eusse souhaité quelque chose de plus nourrissant pour me remettre vite. Je me sentais accablé de fatigue. Peu à peu, mes forces revinrent dans la journée, et on me permit de souper légèrement. Le lendemain, madame d'Ionis revint me voir. J'étais levé et me sentais tout à fait bien. Je lui parlai avec beaucoup de sens de ce qui m'était arrivé, sans toutefois lui donner aucun détail à cet égard. J'avais été fou : j'en étais très-honteux, et la priais de me garder le secret; j'étais perdu comme avocat, si l'on me faisait, dans le pays, la réputation d'un visionnaire; mon père s'en affecterait beaucoup.

— Ne craignez rien, me répondit-elle; je vous réponds de la discrétion de mes gens; assurez-vous du silence de votre valet de chambre, et cette aventure ne sortira pas d'ici. D'ailleurs, quand même on raconterait quelque chose, nous en serions tous quittes pour dire que vous avez eu un accès de fièvre, et qu'il a plu à ces esprits superstitieux de l'interpréter au gré de leur crédulité. Au fond, ce serait la vérité. Vous avez pris un coup de soleil en venant ici à cheval par une journée brûlante. Vous avez été malade dans la nuit. Les jours suivants, je vous ai tourmenté avec ce malheureux procès, et, pour vous amener à mon avis, je n'ai reculé devant rien !

Elle s'arrêta, et, changeant de ton :

— Vous souvient-il de ce que je vous ai dit avant-hier, dans la bibliothèque?

— J'avoue que je ne l'ai pas compris, j'étais sous le coup...

— De la fièvre ? Certainement, je l'ai bien vu !

— Vous plaît-il de me répéter, maintenant que j'ai toute ma tête, ce que vous m'avez dit à propos de l'apparition ?

Madame d'Ionis hésita.

— Est-ce que votre mémoire a conservé le souvenir de cette apparition ? me dit-elle d'un ton léger, mais en m'examinant avec une sorte d'inquiétude.

— Non, répondis-je, c'est très-confus maintenant ; confus comme un songe dont on a enfin conscience et que l'on ne pense plus à ressaisir.

Je mentais avec aplomb ; madame d'Ionis en fut dupe, et je vis qu'elle mentait aussi, en prétendant ne m'avoir parlé, dans la bibliothèque, que de l'effet du manuscrit, pour s'accuser de me l'avoir prêté dans un moment où j'étais déjà fort agité. Il fut évident pour moi qu'elle m'avait dit là-dessus, la veille, dans un mouvement d'effroi devant mon état mental, des choses qu'elle était maintenant bien aise que je n'eusse pas entendues ; mais je ne soupçonnai pas ce que ce pouvait être. Elle me voyait tranquille, elle me croyait guéri. Je parlais avec assurance de ma vision, comme d'un accès de fièvre chaude. Elle m'engagea à n'y plus penser du tout, à ne jamais m'en tourmenter.

— N'allez pas vous croire plus faible d'esprit qu'un autre, ajouta-t-elle ; il n'y a personne qui n'ait eu quelques heures de délire dans sa vie. Restez encore deux ou trois jours avec nous ; quoi qu'en dise le médecin, je ne veux pas vous renvoyer, faible et pâle, à vos parents. Nous ne parlerons plus du procès, c'est inutile ; j'irai voir votre père et en causer avec lui; sans vous en tourmenter davantage.

Le soir, j'étais tout à fait guéri; j'essayai de pénétrer dans mon ancienne chambre, elle était

fermée. Je me hasardai à demander la clef à
Zéphyrine, qui répondit l'avoir remise à madame d'Ionis. On ne voulait plus y loger personne jusqu'à ce que la légende, récemment
exhumée, fût oubliée de nouveau.

Je prétendis avoir laissé quelque chose dans
cette chambre. Il fallut céder : Zéphyrine alla
chercher la clef et entra avec moi. Je cherchai
partout sans vouloir dire ce que je cherchais. Je
regardai dans le foyer de la cheminée et je vis,
sur les pierres disjointes, les égratignures fraîches que Baptiste y avait faites avec son couteau. Mais qu'est-ce que cela prouvait, sinon
que, dans ma folie, j'avais fait chercher là un
objet qui n'existait que dans le souvenir d'un
rêve? J'avais cru trouver une bague et la mettre
à mon doigt. Elle n'y était plus, elle n'y avait
sans doute jamais été !

Je n'osai même plus interroger Baptiste sur
ce fait. On ne me laissa pas seul un instant dans

8.

la chambre aux dames et on la referma dès que
j'en fus sorti. Je sentis que rien ne me retenait
plus au château d'Ionis et je partis le lendemain
matin, furtivement, pour échapper à la conduite
en voiture dont on m'avait menacé.

Le cheval et le grand air me remirent tout à
fait. Je traversai assez vite les bois qui environ-
naient le château, dans la crainte d'être poursuivi par la sollicitude de ma belle hôtesse. Puis
je ralentis mon cheval à deux lieues de là, et
arrivai tranquillement à Angers dans l'après-
midi.

Ma figure était un peu altérée : mon père ne
s'en aperçut pas beaucoup ; mais rien n'échappe
à l'œil d'une mère, et la mienne s'en inquiéta.
Je parvins à la tranquilliser en mangeant avec
appétit ; j'avais arraché à Baptiste le serment
de ne rien dire ; il y avait mis cette restriction,
qu'il ne le tiendrait pas si je venais à retomber
malade.

Aussi je m'en gardai bien! je me soignai moralement et physiquement comme un garçon très-épris de la conservation de son être. Je travaillai sans excès, je me promenai régulièrement, j'éloignai toute idée lugubre, je m'abstins de toute lecture excitante. La raison de toute cette raison prenait sa source dans une folie obstinée · mais tranquille et, pour ainsi dire, maîtresse d'elle-même. Je voulais constater devant mon propre jugement que je n'avais pas été fou, que je ne l'étais pas, et qu'il n'y avait rien de plus avéré à mes propres yeux que l'existence des dames vertes. Je voulais aussi remettre mon esprit dans l'état de lucidité nécessaire pour cacher mon secret et le nourrir en moi, comme la source de ma vie intellectuelle et le critérium de ma vie morale.

Toute trace de crise s'effaça donc rapidement, et, à me voir studieux, raisonnable et modéré en toutes choses, il eût été impossible de deviner

que j'étais sous l'empire d'une idée fixe, d'une
monomanie bien conditionnée.

Trois jours après mon retour à Angers, mon
père m'envoya à Tours pour une autre affaire.
J'y passai vingt-quatre heures, et, quand je revins *chez nous*, j'appris que madame d'Ionis
était venue s'entendre avec mon père sur la suite
de son procès. Elle avait paru céder à la raison
positive : elle consentait à le gagner.

Je fus content de ne l'avoir pas rencontrée. Il
serait impossible de dire qu'une aussi charmante
femme me fût devenue antipathique ; mais il est
certain que je craignais plus que je ne désirais
de me retrouver avec elle. Son scepticisme,
dont elle n'avait paru se débarrasser un jour
avec moi que pour m'en accabler le lendemain,
me faisait l'effet d'une injure et me causait une
souffrance inexprimable.

Au bout de deux mois, quelque effort que je
fisse pour paraître heureux, ma mère s'aperçut

de l'épouvantable tristesse qui régnait au fond
de mes pensées. Tout le monde remarquait en
moi un grand changement à mon avantage, et
elle s'en était réjouie d'abord. Ma conduite était
d'une austérité complète et mon entretien aussi
grave et aussi sensé que celui d'un vieux magis-
trat. Sans être dévot, je me montrais religieux.
Je ne scandalisais plus les simples par mon vol-
tairianisme. Je jugeais avec impartialité toutes
choses et critiquais sans aigreur celles que je
n'admettais pas. Tout cela était édifiant, excellent; mais je n'avais plus de goût à rien et je
portais la vie comme un fardeau. Je n'étais plus
jeune, je ne connaissais plus ni l'ivresse de
l'enthousiasme ni l'entraînement de la gaieté.

J'eus donc le temps, malgré mes grandes
occupations, de faire des vers, et j'aurais eu
encore ce temps-là, quand même on ne me l'eût
pas laissé, car je ne dormais presque plus et
ne recherchais aucun de ces amusements qui

absorbent les trois quarts de la vie d'un jeune
homme. Je ne songeais plus à l'amour, je fuyais
le monde, je ne paradais plus avec les hommes
de mon âge sous les yeux des belles dames du
pays. J'étais retiré, méditatif, austère, très-doux
avec les miens, très-modeste avec tout le monde,
très-ardent aux luttes du barreau. Je passai pour
un garçon accompli, mais j'étais profondément
malheureux.

C'est que je nourrissais, avec un stoïcisme
étrange, une passion insensée et sans analogue
dans la vie. J'aimais une ombre; je ne pouvais
même pas dire une morte. Toutes mes recher-
ches historiques n avaient abouti qu'à me prouver ceci : Les trois demoiselles d'Ionis n'avaient
peut-être jamais existé que dans la légende.
Leur histoire, placée par les derniers chroniqueurs à l'époque de Henri II, était déjà une
vieille chronique incertaine à cette même époque. Il ne restait d'elles ni un titre, ni un nom,

ni un écusson dans les papiers de la famille d'Ionis, que mon père, en raison du procès, avait
tous entre les mains; ni même une pierre tumu-
laire en aucun lieu de la contrée !

J'adorais donc une pure fiction, éclose, selon
toute apparence, dans les fumées de mon cerveau. Mais voilà où il eût été impossible de me
convaincre. J'avais vu et entendu cette merveille
de beauté ; elle existait dans une région où il
m'était impossible de l'atteindre, mais d'où il
lui était possible de descendre vers moi. Creuser
le problème de cette existence indéfinissable et
le mystère du lien qui s'était formé entre nous
m'eût conduit au délire. Je le sentais, je ne voulais rien expliquer, rien approfondir ; je vivais
par la foi, qui est l'*argument des choses qui
n'apparaissent pas*, une folie sublime, soit, si
la raison n'est que l'argument de ce qui tombe
sous les sens.

Ma folie n'était pas aussi puérile qu'on eût pu

le craindre. Je la soignais comme une faculté supérieure et ne lui permettais pas de descendre des hauteurs où je l'avais placée. Je m'abstins donc de toute évocation nouvelle, dans la crainte de m'égarer à la poursuite cabalistique de quelque chimère indigne de moi. L'immortelle m'avait dit de devenir digne qu'elle restât vivante dans ma pensée. Elle ne m'avait pas promis de revenir sous la forme où je l'avais vue. Elle avait dit que cette forme n'existait pas et n'était que la création produite en moi par l'élévation de mon sentiment pour elle. Je ne devais donc pas tourmenter mon cerveau pour la reproduire, car mon cerveau pouvait la dénaturer et faire surgir quelque image au-dessous d'elle. Je voulais purifier ma vie et cultiver en moi le trésor de la conscience, dans l'espoir que, à un moment donné, cette céleste figure viendrait d'elle-même se placer devant moi et m'entretenir avec cette voix chérie que je n'avais pas mérité d'entendre longtemps.

Sous l'empire de cette manie, j'étais en train de devenir homme de bien, et il est fort étrange que je fusse conduit à la sagesse par la folie Mais c'était là quelque chose de trop subtil et de trop tendu pour la nature humaine. Cette rupture de mon âme avec le reste de mon être, et de ma vie avec les entraînements de la jeunesse, devait me conduire peu à peu au désespoir, peut-être à la fureur.

Je n'en étais encore qu'à la mélancolie, et, bien que très-pâli et très-amaigri, je n'étais ni malade ni insensé en apparence, lorsque la cause des d'Ionis contre les d'Aillane arriva au rôle. Mon père m'avertit de préparer mon plaidoyer pour la semaine suivante. Il y avait alors trois mois environ que j'avais quitté, par une matinée de juin, le funeste château d'Ionis.

V

LE DUEL

A mesure que nous avions étudié cette triste affaire, nous nous étions bien convaincus, mon père et moi, qu'elle était *imperdable*. Deux testaments se trouvaient en présence : l'un qui, depuis cinq ans, avait reçu sa pleine exécution, était en faveur de M. d'Aillane. Gêné à l'époque de cet héritage, il s'était libéré en vendant l'immeuble qu'il regardait comme sien. L'autre testament, découvert trois ans après, par un de ces étranges hasards qui font dire que, parfois, la vie ressemble à un roman, dépouillait tout à

coup les d'Aillane pour enrichir madame d'Ionis.
La validité de ce dernier acte était incontestable ;
la date, postérieure à celle du premier, était
nette et précise. M. d'Aillane plaidait l'état d'enfance du testateur et l'espèce de pression que
M. d'Ionis avait exercée sur lui à ses derniers
moments. Ce dernier point était assez réel ; mais
l'état d'enfance ne pouvait être constaté en aucune façon.

En outre, M. d'Ionis prétendait, avec raison,
que, pressé par ses créanciers, d'Aillane leur
avait cédé l'immeuble au-dessous de sa valeur,
et il réclamait une somme assez importante,
puisque c'était le dernier débris de la fortune de
ses adversaires.

M. d'Aillane n'espérait guère le succès. Il sentait la faiblesse de sa cause ; mais il tenait à se
laver de l'accusation, portée contre lui, d'avoir
connu ou seulement soupçonné l'existence du
second testament, d'avoir engagé la personne

qui en était dépositaire à le tenir caché pendant
trois ans, et de s'être hâté de mobiliser l'héritage
pour échapper en partie aux conséquences de
l'avenir. Il y avait donc, en outre du fond de
l'affaire, discussion sur la valeur réelle de l'immeuble, exagérée en plus et en moins par les
deux parties, dans les débats antérieurs à l'in-
tervention de mon père dans le procès.

Nous causions ensemble sur ce dernier point,
mon père et moi, et nous n'étions pas tout à fait
d'accord, lorsque Baptiste nous annonça la visite
de M. d'Aillane fils, capitaine au régiment de···.

Bernard d'Aillane était un beau garçon, de
mon âge à peu près, fier, vif et plein de franchise. Il s'exprima très-poliment, faisant appel
à notre honneur en homme qui en connaissait la
rigidité; mais, à la fin de son exorde, emporté
par la vivacité de son naturel, il laissa percer
une menace fort claire contre moi, pour le cas
où, dans ma plaidoirie, je viendrais à exprimer

quelque doute sur la parfaite loyauté de son père.

Le mien fut plus ému que moi de ce défi, et, avocat dans l'âme, il s'en courrouça avec éloquence. Je vis que d'un projet de conciliation allait naître une querelle, et je priai les deux interlocuteurs de m'écouter.

— Permettez-moi, mon père, dis-je, de faire observer à M. d'Aillane qu'il vient de commettre une grave imprudence, et que, si je n'étais pas, grâce au devoir de ma profession, d'un sang plus rassis que le sien, je prendrais plaisir à provoquer sa colère, en faisant argument de tout pour les besoins de ma cause.

— Qu'est-ce à dire ? s'écria mon père, qui était le plus doux des hommes dans son intérieur, mais passablement emporté dans l'exercice de ses fonctions. J'espère bien, mon fils, que vous ferez argument de tout, et que, s'il y a lieu, le moins du monde, à suspecter la bonne foi de vos adversaires, ce ne sont point la petite moustache et la petite épée de M. le capitaine d'Aillane, non plus que la grande moustache et la grande épée de monsieur son père, qui vous retiendront de le proclamer.

Le jeune d'Aillane était hors de lui, et, ne pouvant s'en prendre à un homme de l'âge de mon père, il avait grand besoin de s'en prendre à moi. Il m'envoya quelques paroles assez aigres que je ne relevai pas, et, m'adressant toujours à mon père, je lui répondis :

— Vous avez parfaitement raison de croire que je ne me laisserai pas intimider; mais il faut pardonner à M. d'Aillane d'avoir eu cette pensée. Si je me trouvais dans la même situation que lui, et que votre honneur fût en cause, songez, mon cher père, que je ne serais peut-être pas plus patient et plus raisonnable qu'il ne faut. Ayons donc des égards pour son inquiétude, et, puisque nous pouvons la soulager, n'ayons pas la rigueur de la faire durer davantage. J'ai assez examiné l'affaire pour être persuadé de l'extrême délicatesse de toute la famille d'Aillane, et je me ferai un plaisir comme un devoir de lui rendre hommage en toute occasion.

— Voilà tout ce que je voulais, monsieur, s'écria le jeune homme en me serrant les mains ; et, maintenant, gagnez votre procès, nous ne demandons pas mieux !

— Un instant, un instant ! reprit mon père avec le feu qu'à l'audience il portait dans ses répliques. Je ne sais quelles sont, en définitive, vos idées, mon fils, sur cette parfaite loyauté ; mais,.quant à moi, si je trouve, dans l'historique de l'affaire, des circonstances où elle me paraît évidente, il en est d'autres qui me laissent des doutes, et je vous prie de ne vous engager à rien, avant d'avoir pesé toutes les objections que j'étais en train de vous faire. lorsque monsieur nous a accordé l'honneur de sa visite.

— Permettez-moi, mon père, répondis-je
avec fermeté, de vous dire que de légères apparences ne me suffiraient pas pour partager vos
doutes. Sans parler de la réputation bien établie
de M. le comte d'Aillane, j'ai sur son compte et
sur celui de sa famille un témoignage...

Je m'arrêtai, en songeant que ce témoignage
de ma sublime et mystérieuse amie, je ne pouvais l'invoquer sans faire rire de moi. Il était
pourtant si sérieux dans ma pensée, que rien au
monde, pas même des faits apparents, ne m'en
eussent fait douter.

— Je sais de quel témoignage vous parlez,
dit mon père. Madame d'Ionis a beaucoup d'affection...

— Je connais à peine madame d'Ionis! répli-
qua vivement le jeune d'Aillane.

— Aussi, je ne parle point de vous, monsieur,
reprit mon père en souriant; je parle du comte
d'Aillane et de mademoiselle sa fille.

— Et moi, mon père, dis-je à mon tour, je n'ai pas voulu parler de madame d'Ionis.

— Peut-on vous demander, me dit le jeune d'Aillane, quelle est la personne qui a eu sur vous cette heureuse influence, afin que je puisse lui en savoir gré ?

— Vous me permettrez, monsieur, de ne pas vous le dire. Ceci m'est tout personnel.

Le jeune capitaine me demanda pardon de son indiscrétion, prit congé de mon père un peu froidement, et se retira en me témoignant sa gratitude pour mes bons procédés.

Je le suivis jusqu'à la porte de la rue, comme pour le reconduire. Là, il me tendit encore la main ; mais, cette fois, je retirai la mienne, et, le priant d'entrer un instant dans mon appartement qui donnait sur le vestibule d'entrée de notre maison, je lui déclarai de nouveau que j'étais persuadé de la noblesse de sentiments de son père, et bien déterminé à ne pas porter la

9.

moindre atteinte à l'honneur de sa famille.
Après quoi, je lui dis :

— Ceci établi, monsieur, vous allez me permettre de vous demander raison de l'insulte que
vous m'avez faite, en doutant de ma fierté jusqu'à me menacer de votre ressentiment. Si je
ne l'ai pas fait devant mon père, qui semblait
m'y pousser, c'est parce que je sais que, sa
colère passée, il se fût senti le plus malheureux
des hommes. J'ai aussi une mère fort tendre ;
c'est ce qui me fait vous demander le secret sur
l'explication que nous avons ici. Chargé des
intérêts de madame d'Ionis, c'est demain que je
plaide sa cause. Je vous prie donc de m'accorder
pour après-demain, au sortir du Palais, le rendez-vous que je vous demande.

— Non, parbleu ! il n'en sera rien, s'écria le
jeune homme en me sautant au cou. Je n'ai pas
la moindre envie de tuer un garçon qui me
montre tant de cœur et de justice ! J'ai eu tort,

j'ai agi en mauvaise tête, et me voilà tout prêt à vous en demander pardon.

— C'est fort inutile, monsieur, car vous étiez tout pardonné d'avance. Dans mon état, on est exposé à ces offenses-là et elles n'atteignent pas un honnête homme ; mais il n'y en a pas moins nécessité pour moi de me battre avec vous.

— Oui-da ! Et pourquoi diable, après les excuses que je vous fais ?

— Parce que ces excuses sont intimes, tandis que votre visite ici a été publique. Voilà votre grand cheval qui piaffe à notre porte, et votre soldat galonné qui attire tous les regards. Vous savez bien ce que c'est qu'une petite ville de province. Dans une heure, tout le monde saura qu'un brillant officier est venu menacer un petit avocat plaidant contre lui, et vous pouvez être bien sûr que, demain, lorsque j'aurai pour vous et les vôtres les égards que je crois vous devoir, plus d'un esprit malveillant m'accusera d'avoir peur de vous, et rira de ma figure placée en regard de la vôtre. Je me résigne à cette humiliation ; mais, mon devoir accompli, j'aurai un autre devoir qui sera de prouver que je ne suis pas un lâche, indigne d'exercer une profession honorable, et capable de trahir la confiance de ses clients dans la crainte d'un coup d'épée. Songez que je suis très-jeune, monsieur, et que j'ai à établir mon caractère, à présent ou jamais.

— Vous me faites comprendre ma faute, répondit M. d'Aillane. Je n'ai pas senti la gravité de ma démarche, et je vous dois des excuses publiques.

— Il sera trop tard après ma plaidoirie : on pourrait toujours croire que j'ai cédé à la crainte ; et il serait trop tôt auparavant : on pourrait croire que vous craignez mes révélations.

— Alors, je vois qu'il n'y a pas moyen de s'arranger, et que tout ce que je peux faire pour vous, c'est de vous donner la réparation que vous exigez. Comptez donc sur ma parole et sur mon silence. En sortant du Palais, demain, vous me trouverez au lieu qu'il vous plaira de désigner.

Nous fîmes nos conventions. Après quoi, le jeune officier me dit d'un air affectueux et triste :

— Voilà pour moi une mauvaise affaire, monsieur ! car, si j'avais le malheur de vous tuer, je crois que je me tuerais moi-même après. Je ne pourrais pas me pardonner la nécessité où j'ai mis un homme de cœur comme vous de jouer sa vie contre la mienne. Dieu veuille que le résultat ne soit pas trop grave ! Il me servira de leçon. Et, en attendant, quoi qu'il arrive, voyez mon repentir et n'ayez pas une trop mauvaise idée de moi. Il est bien certain que le monde nous élève mal, nous autres jeunes gens

de famille ! Nous oublions que la bourgeoisie
nous vaut et qu'il est temps de compter avec
elle. Allons, donnez-moi la main à présent, en
attendant que nous nous coupions la gorge !

Madame d'Ionis devait venir le lendemain
pour assister aux débats. J'avais reçu d'elle
plusieurs lettres très-amicales où elle ne me
détournait plus de mon devoir d'avocat, et où
elle se contentait de me recommander de respecter l'honneur de ses parents, qui ne pouvait,
disait-elle, être méconnu et offensé sans qu'il
en rejaillît de la honte sur elle-même. Il était
facile de voir qu'elle comptait sur sa présence
pour me contenir, au cas où je me laisserais
emporter par quelque dépit oratoire.

Elle se trompait en supposant qu'elle eût
exercé sur moi quelque pouvoir. J'étais désormais gouverné par une plus haute influence,
par un souvenir bien autrement puissant que le
sien.

Je m'entretins encore avec mon père dans la soirée, et l'amenai à me laisser libre d'apprécier comme je l'entendais le côté moral de l'affaire. Il me donna le bonsoir en me disant d'un air un peu goguenard, que je ne compris pas plus que ses paroles :

— Mon cher enfant, prends garde à toi! Madame d'Ionis est pour toi un oracle, je le sais! Mais j'ai grand'peur que tu ne tiennes le bougeoir pour un autre.

Et, comme il vit mon étonnement, il ajouta :

— Nous parlerons de cela plus tard. Songe à bien parler demain et à faire honneur à ton père !

Au moment de me mettre au lit, je fus frappé de la vue d'un nœud de rubans verts attaché à mon oreiller avec une épingle. Je le pris et sentis qu'il contenait une bague : c'était l'étoile d'émeraude dont le souvenir ne m'était resté que comme celui d'un rêve de la fièvre. Elle

existait, cette bague mystérieuse ; elle m'était
rendue !

Je la passai à mon doigt et je la touchai cent
fois pour m'assurer que je n'étais pas dupe
d'une illusion ; puis je l'ôtai et l'examinai avec
une attention dont je n'avais pas été capable au
château d'Ionis, et j'y déchiffrai cette devise en
caractères très-anciens : *Ta vie n'est qu'à moi.*

C'était donc une défense de me battre ? L'immortelle ne voulait pas me permettre encore
d'aller la rejoindre ? Ce fut une cruelle douleur ;
car, depuis quelques heures, la soif de la mort
s'était emparée de moi, et j'espérais être auto-
risé par les circonstances à me débarrasser de
la vie sans révolte et sans lâcheté.

Je sonnai Baptiste, que j'entendais marcher
encore dans la maison.

— Écoute, lui dis-je, il faut me dire la vérité,
mon ami ; car tu es un honnête homme, et ma
raison est dans tes mains. Qui est venu ici dans

la soirée? Qui a apporté la bague dans ma chambre, là, sur mon oreiller?

— Quelle bague, monsieur? Je n'ai pas vu de bague.

— Mais, maintenant, ne la vois-tu pas? N'est-elle pas à mon doigt? Ne l'y as-tu pas déjà vue au château d'Ionis?

— Certainement, monsieur, que je la vois et que je la reconnais bien! C'est celle que vous aviez perdue là-bas et que j'ai retrouvée entre deux carreaux; mais je vous jure, sur l'honneur, que je ne sais pas comment elle se trouve ici, et qu'en faisant votre couverture, je n'ai rien vu sur votre oreiller.

— Au moins, peut-être, pourras-tu me dire une chose que je n'ai jamais osé te demander après cette fièvre qui m'avait rendu fou pendant quelques heures. Par qui cette bague m'avait-elle été prise au château d'Ionis?

— Voilà ce que je ne sais pas non plus, monsieur! Ne vous la voyant plus au doigt, j'ai pensé que vous l'aviez cachée... pour ne pas compromettre...

— Qui? Explique-toi!

— Dame! monsieur, est-ce que ce n'est pas madame d'Ionis qui vous l'avait donnée?

— Nullement.

— Après ça, monsieur n'est pas forcé de me dire... Mais ça doit- être elle qui vous l'a renvoyée.

— As-tu vu quelqu'un de chez elle venir ici aujourd'hui?

— Non, monsieur, personne. Mais celui qui a fait la commission connaît les êtres de la maison, pas moins!

Voyant que je ne tirerais rien de l'examen des choses réelles, je congédiai Baptiste et me livrai à mes rêveries accoutumées. Tout cela ne pouvait plus être expliqué naturellement. Cette bague contenait le secret de ma destinée. J'étais

désolé d'avoir à désobéir à mon immortelle et
j'étais heureux en même temps de m'imaginer qu'elle tenait sa promesse de veiller sur
moi.

Je ne fermai pas l'œil de la nuit. Ma pauvre
tête était bien malade et mon cœur encore plus.
Devais-je désobéir à l'arbitre de ma destinée?
devais-je lui sacrifier mon honneur? Je m'étais
engagé trop avant avec M. d'Aillane pour revenir sur mes pas. Je m'arrêtais par moments à la
pensée du suicide pour échapper au supplice
d'une existence que je ne comprenais plus. Et
puis je me tranquillisais par la pensée que cette
terrible et délicieuse devise : *Ta vie n'est qu'à
moi*, n'avait pas le sens que je lui attribuais,
et je résolus de passer outre, me persuadant
que l'immortelle m'apparaîtrait sur le lieu
même du combat, si sa volonté était de l'empêcher.

Mais pourquoi ne m'apparaissait-elle pas elle-même pour mettre fin à mes perplexités ? Je l'invoquais avec une ardeur désespérée.

— L'épreuve est trop longue et trop cruelle ! lui disais-je ; j'y perdrai la raison et la vie. Si je dois vivre pour toi, si je t'appartiens...

Un coup de marteau à la porte de la maison me fit tressaillir. Il ne faisait pas encore jour. Il n'y avait que moi d'éveillé chez nous. Je m'habillai à la hâte. On frappa un second coup, puis un troisième, au moment où je m'élançais dans le vestibule.

J'ouvris tout tremblant. Je ne sais quel rapport mon imagination pouvait établir entre cette visite nocturne et le sujet de mes angoisses ; mais, quel que fût le visiteur, j'avais le pressentiment d'une solution. C'en était une, en effet, bien que je ne pusse comprendre le lien des événements où j'allais voir bientôt se dénouer ma situation.

Le visiteur était un domestique de madame

d'Ionis, qui arrivait à bride abattue avec une lettre pour mon père ou pour moi, car nos deux noms étaient sur l'adresse.

Pendant qu'on se levait dans la maison pour venir ouvrir, je lus ce qui suit :

« Arrêtez le procès. Je reçois à l'instant et vous transmets une nouvelle grave qui vous dégage de votre parole envers M. d'Ionis. M. d'Ionis n'est plus. Vous en aurez la nouvelle officielle dans la journée. »

Je portai la lettre à mon père.

— A la bonne heure! dit-il. Voilà une heureuse affaire pour notre belle cliente, si ce maussade défunt ne lui laisse pas trop de dettes; une heureuse affaire aussi pour les d'Aillane! La cour y perdra l'occasion d'un beau jugement, et toi celle d'un beau plaidoyer. Alors... dormons, puisqu'il n'y a rien de mieux à faire!

Il se retourna vers la ruelle; puis il me rappela comme je sortais de sa chambre.

— Mon cher enfant, me dit-il en se frottant les yeux, je pense à une chose : c'est que vous êtes amoureux de madame d'Ionis, et que, si elle est ruinée...

— Non, non, mon père! m'écriai-je, je ne suis pas amoureux de madame d'Ionis.

— Mais tu l'as été? Voyons, la vérité? C'est là la cause de ce bon changement qui s'est fait en toi. L'ambition du talent t'est venue... et cette mélancolie dont ta mère s'inquiète...

— Certainement! dit ma mère, qui avait été réveillée par les coups de marteau à une heure indue, et qui était entrée, en cornette de nuit, pendant que nous causions ; soyez sincère, mon cher fils! vous aimez cette belle dame, et même je crois que vous en êtes aimé. Eh bien, confessez-vous à vos parents...

— Je veux bien me confesser, répondis-je ei embrassant ma bonne mère; j'ai été amoureux

.de madame d'Ionis pendant deux jours ; mais j'ai été guéri le troisième jour.

— Sur l'honneur ? dit mon père.

— Sur l'honneur !

— Et la raison de ce changement ?

— Ne me la demandez pas, je ne puis vous la dire.

— Moi, je la sais, dit mon père riant et bâillant à la fois : c'est que la petite madame d'Ionis et ce beau cousin qui ne la connaît pas... Mais ce n'est pas l'heure de faire des propos de commère. Il n'est que cinq heures, et, puisque mon fils ne soupire ni ne plaide aujourd'hui, je prétends dormir la grasse matinée.

Délivré de l'anxiété relative au duel, je pris un peu de repos. Dans la journée, le décès de M. d'Ionis, arrivé à Vienne quinze jours auparavant (les nouvelles n'allaient pas vite en ce temps-là), fut publié dans la ville, et le procès suspendu en vue d'une prochaine transaction entre les parties.

Nous reçûmes, le soir, la visite du jeune d'Aillane. Il venait me faire ses excuses devant mon père, et, cette fois, je les acceptai de grand cœur. Malgré l'air grave avec lequel il parlait de la mort de M. d'Ionis, nous vîmes bien qu'il avait peine à cacher sa joie.

Il accepta notre souper; après quoi, il me suivit dans mon appartement.

— Mon cher ami, me dit-il, car il faut que vous me permettiez de vous donner ce nom désormais, je veux vous ouvrir mon cœur, qui déborde malgré moi. Vous ne me jugez pas assez intéressé, j'espère, pour croire que je me réjouis follement de la fin du procès. Le secret de mon bonheur...

— N'en parlez pas, lui dis-je; nous le savons, nous l'avons deviné !

— Et pourquoi n'en parlerais-je pas avec

vous, qui méritez tant d'estime et qui m'inspirez
tant d'affection? Ne croyez pas être un inconnu
pour moi. Il y a trois mois que je rends compte
de toutes vos actions et de tous vos succès à...

— A qui donc ?

— A une personne qui s'intéresse à vous on
ne peut plus ! à madame d'Ionis. Elle a été fort
inquiète de vous pendant quelque temps après
votre séjour chez elle. C'est au point que j'en
étais jaloux. Elle m'a rassuré de ce côté-là, en
me disant que vous aviez été assez grièvement
malade pendant vingt-quatre heures.

— Alors, dis-je avec un peu d'inquiétude,
comme elle n'a pas de secrets pour vous, elle
vous aura appris la cause de ces heures de délire...

— Oui, ne vous en tourmentez pas; elle m'a
tout raconté, et sans que ni elle ni moi ayons
songé à nous en moquer. Bien au contraire, nous
en étions fort tristes, et madame d'Ionis se re-

10

prochait de vous avoir laissé jouer avec certaines
idées dont on peut recevoir trop d'émotion. Ce
que je sais, moi, c'est que, tout en jurant comme
un beau diable que je ne crois pas aux dames
vertes, je n'aurais jamais eu le courage de les
évoquer deux fois. Il y a mieux, si elles m'eussent apparu, j'aurais certainement tout cassé
dans la chambre ; et vous, que j'ai si sottement
provoqué hier, vous me semblez, quant aux choses surnaturelles, beaucoup plus hardi que je ne
serais curieux.

Cet aimable garçon, qui était alors en congé,
revint me voir les jours suivants, et nous fûmes
bientôt intimement liés. Il ne pouvait pas encore
se montrer au château d'Ionis, et il attendait
avec impatience que sa belle et chère cousine
lui permît de s'y présenter, après qu'elle aurait
consacré aux convenances les premiers jours de
son deuil. Il eût voulu se tenir dans une ville
plus voisine de sa résidence ; mais elle le lui in-

terdisait formellement, ne se fiant pas à la pru-
dence d'un fiancé si épris.

Il disait, d'ailleurs, avoir des affaires à Angers,
bien qu'il ne sût dire lesquelles, et il ne paraissait pas s'en occuper beaucoup, car il passait
tout son temps avec moi.

Il me raconta ses amours avec madame
d'Ionis. Ils avaient été destinés l'un à l'autre et
s'étaient aimés dès l'enfance. Caroline avait été
sacrifiée à l'ambition et mise au couvent pour
rompre leur intimité. Ils s'étaient revus en secret avant et depuis le mariage avec M. d'Ionis.
Le jeune capitaine ne se croyait pas forcé de
m'en faire mystère, les relations ayant été con-
stamment pures.

— S'il en eût été autrement, disait-il, vous ne
me verriez pas confiant et bavard comme me
voilà avec vous.

Son expansion, que je me défendais d'abord
de partager, finit par me gagner. Il était de ces

caractères ouverts et droits contre lesquels rien
ne sert de se défendre ; c'est bouder contre soi-
même. Il questionnait avec insistance et trouvait
le moyen d'agir ainsi sans paraître curieux ni
importun. On sentait qu'il s'intéressait à vous
et qu'il eût voulu voir ceux qu'il aimait aussi
heureux que lui-même.

Je me laissai donc aller jusqu'à lui raconter
toute mon histoire, et même à lui avouer
l'étrange passion dont j'étais dominé. Il m'écouta
très-sérieusement et m'assura qu'il ne trouvait
rien de ridicule dans mon amour. Au lieu de
chercher à m'en distraire, il me conseillait de
poursuivre la tâche que je m'étais imposée de
devenir un homme de bien et de mérite.

— Quand vous en serez là, me disait-il, si
toutefois vous n'y êtes pas déjà, ou il se fera
dans votre vie je ne sais quel miracle, ou bien
votre esprit, tout à coup calmé, reconnaîtra qu'il
s'était égaré à la poursuite d'une douce chimère ;

quelque réalité plus douce encore la remplacera, et vos vertus, ainsi que vos talents, n'en seront pas moins des biens acquis d'un prix inestimable.

— Jamais, lui répondis-je, jamais je n'aimerai que l'objet de mon rêve.

Et, pour lui faire voir combien toutes mes pensées étaient absorbées, je lui montrai tous les vers et toute la prose que j'avais écrits sous l'empire de cette passion exclusive. Il les lut et les relut avec le naïf enthousiasme de l'amitié. Si j'eusse voulu le prendre au mot, je me serais cru un grand poëte. Il sut bientôt par cœur les meilleures pièces de mon recueil et il me les récitait avec feu, dans nos promenades au vieux château d'Angers et dans les charmants environs de la ville. Je résistai au désir qu'il me témoigna de les voir imprimer. Je pouvais faire des vers pour mon plaisir et pour le soulagement de mon âme agitée, mais je ne devais pas chercher la renommée du poëte. A cette époque, et dans le milieu où je vivais, c'eût été un grand discrédit pour ma profession.

Enfin vint le jour où il lui fut permis de paraître au château d'Ionis, dont Caroline n'était pas sortie depuis trois mois qu'elle était veuve. Il reçut d'elle une lettre dont il me lut le post-scriptum. J'étais invité à l'accompagner, dans les termes les plus formels et les plus affectueux.

VI

CONCLUSION

Nous arrivâmes par une journée de décembre. La terre était couverte de neige et le soleil se couchait dans des nuées violettes d'un ton superbe, mais d'un aspect mélancolique. Je ne voulus pas gêner les premières effusions de cœur des deux amants, et j'engageai Bernard à prendre de l'avance sur moi aux approches du château. J'avais, d'ailleurs, besoin de me trouver seul avec mes pensées dans les premiers moments. Ce n'était pas sans une vive émotion que je revoyais ces lieux où, pendant trois jours, j'avais vécu des siècles.

Je jetai la bride de mon cheval à Baptiste, qui prit le chemin des écuries, et j'entrai seul par une des petites portes du parc.

Ce beau lieu, dépouillé de fleurs et de verdure, avait un plus grand caractère. Les sombres sapins secouaient leurs frimas sur ma tête, et le branchage des vieux tilleuls chargés de givre dessinait de légères arcades de cristal sur le berceau des allées. On eût dit les nefs d'une cathédrale gigantesque, offrant tous les caprices d'une architecture inconnue et fantastique.

Je retrouvai le printemps dans la rotondé de la bibliothèque. On l'avait isolée des galeries contiguës, en remplissant les arcades de panneaux vitrés, afin d'en faire une espèce de serre tempérée. L'eau de la fontaine murmurait donc toujours parmi des fleurs exotiques encore plus belles que celles que j'avais vues, et cette eau

courante, tandis qu'au dehors toutes les eaux
dormaient enchaînées sous la glace, était agréable
à voir et à entendre.

J'eus quelque peine à me décider à regarder
la néréide. Je la trouvai moins belle que le souvenir resté en moi de celle dont elle me rappe-
lait la forme et les traits. Puis, peu à peu, je
me mis à l'admirer et à la chérir comme on
chérit un portrait qui vous retrace au moins
l'ensemble et quelques traits d'une personne
aimée. Ma sensibilité était depuis si longtemps
contenue et surexcitée, que je fondis en larmes
et restai assis et comme brisé, à la place où
j'avais vu celle que je n'espérais plus revoir.

Un bruit de robe de soie me fit relever la
tête, et je vis devant moi une femme assez
grande, très-mince, mais du port le plus gra-
cieux, qui me regardait avec sollicitude. Je songeai un instant à l'assimiler à ma vision ; mais
la nuit qui se faisait rapidement ne me permet-

tait pas de bien distinguer sa figure, et, d'ailleurs, une femme en paniers et en falbalas ressemble si peu à une nymphe de la renaissance, que je me défendis de toute illusion et me levai pour la saluer comme une simple mortelle.

Elle me salua aussi, hésita un instant à m'adresser la parole, puis enfin elle s'y décida et je tressaillis au son de sa voix qui faisait vibrer tout mon être. C'était la voix d'argent, la voix sans analogue sur la terre, de ma divinité. Aussi fus-je muet et incapable de lui répondre. Comme devant mon immortelle, j'étais enivré et hors d'état de comprendre ce qu'elle me disait.

Elle parut très-embarrassée de mon silence, et je fis un effort pour sortir de cette ridicule extase. Elle me demandait si je n'étais pas M. Just Nivières.

— Oui, madame, lui répondis-je enfin ; je vous supplie de me pardonner ma préoccupation. J'étais un peu indisposé, je m'étais assoupi.

— Non, reprit-elle avec une adorable douceur, vous pleuriez ! C'est ce qui m'a attirée ici, de la galerie où j'attendais le signal de l'arrivée de mon frère.

— Votre frère...

— Oui, votre ami, Bernard d'Aillane.

— Ainsi vous êtes mademoiselle d'Aillane?

— Félicie d'Aillane, et j'ose dire votre amie aussi, bien que vous ne me connaissiez pas et que je vous voie pour la première fois. Mais l'estime que mon frère fait de vous et tout ce qu'il nous a écrit sur votre compte m'ont donné pour vous une sympathie réelle. C'est donc avec chagrin, avec inquiétude que je vous ai entendu sangloter. Mon Dieu ! j'espère que vous n'avez pas été frappé dans vos affections de famille ; si vos dignes parents, dont j'ai aussi entendu dire tant de bien, étaient dans la peine, vous ne seriez point ici?

— Grâce à Dieu, répondis-je, je suis tranquille sur le compte de toutes les personnes que
j'aime, et le chagrin personnel que j'éprouvais
tout à l'heure se dissipe au son de votre voix et
aux douces paroles qu'elle m'adresse. Mais comment se fait-il qu'ayant une sœur telle que vous,
Bernard ne m'en ait jamais parlé?

— Bernard est absorbé par une affection dont
je ne suis pas jalouse et que je comprends bien,
car madame d'Ionis est une tendre sœur pour
moi; mais n'êtes-vous pas venu avec lui, et
comment se fait-il que je vous trouve seul ici,
sans que personne soit averti de votre arrivée?

— Bernard a pris les devants...

— Ah! je comprends. Eh bien, laissons-les
ensemble encore un peu; ils ont tant de choses
à se dire, et leur attachement est si noble, si
fraternel, si ancien déjà! Mais venez auprès de
la cheminée de la bibliothèque, car il fait un
peu frais ici.

Je compris qu'elle ne trouvait pas convenable de rester dans l'obscurité avec moi, et je la suivis à regret. Je craignais de voir sa figure, car sa voix me plongeait dans une forte illusion; comme si mon immortelle se fût pliée à m'entretenir en langue vulgaire des détails du monde des vivants.

Il y avait du feu et de la lumière dans la bibliothèque et je pus alors voir ses traits, qui étaient admirablement beaux et qui me rappelaient confusément ceux que je croyais bien fixés dans ma mémoire. Mais, à mesure que je l'examinais avec autant d'attention que le respect me permettait d'en laisser paraître, je reconnus que ces trois images de la néréide, du fantôme et de mademoiselle d'Aillane se confondaient dans ma tête, sans qu'il me fût possible de les isoler pour faire à chacune la part d'admiration qui lui était due. C'était le même type, j'en étais bien certain ; mais je ne pouvais plus

11

constater les différences, ét je m'apercevais avec effroi de l'incertitude de ma mémoire quant à la sublime apparition. J'y avais trop pensé, j'avais trop cru la revoir, je ne me la représentais plus qu'à travers un nuage.

Et puis, au bout de quelques instants, j'oubliais cette angoisse pour ne plus voir que mademoiselle d'Aillane, belle comme la plus pure et la plus élégante des nymphes de Diane, et aussi naïvement affectueuse avec moi qu'un enfant qui se confie à une figure sympathique. Il y avait en elle une chasteté pour ainsi dire rayonnante, un abandon de cœur adorable sans aucune pensée de coquetterie; rien des manières toujours un peu réservées d'une fille de qualité parlant à un bourgeois. Il semblait que je fusse un parent, un ami d'enfance avec qui elle refaisait connaissance après une séparation de quelques années. Son regard limpide n'avait pas le feu concentré de celui de madame d'Ionis.

C'était une lumière sereine comme celle des
étoiles. Impressionnable et nerveux comme je
l'étais devenu à la suite de tant de veilles
exaltées, je me sentais comme rajeuni, reposé,
rafraîchi délicieusement sous cette bénigne`
influence.

Elle me parlait sans art et sans prétention,
mais avec une distinction naturelle et une droiture de jugement qui trahissaient une éducation
morale bien au-dessus de celle qu'on regardait
alors comme suffisante pour les femmes de son
rang. Elle n'avait aucun de leurs préjugés, et
c'était avec une angélique bonne foi et même
avec une certaine passion d'enfant généreuse
qu'elle acceptait les conquêtes de l'esprit philosophique qui nous entraînait tous, à notre insu,
vers une ère nouvelle.

Mais, par-dessus tout, elle avait le charme
irrésistible de la douceur, et je le subis d'emblée sans songer à m'en préserver, sans me sou-

venir que j'avais prononcé, dans le secret de mon âme, une sorte de vœu monastique qui me consacrait au culte de l'insaisissable idéal.

Elle me parla avec abandon des chagrins et des joies de sa famille, du rôle que j'avais joué dans les péripéties de ces derniers temps, et de la reconnaissance qu'elle croyait me devoir pour la manière dont j'avais parlé à Bernard de l'honneur de leur père.

— Vous savez donc toutes ces choses? lui dis-je avec attendrissement. Vous devez apprécier tout ce qu'il m'en coûtait d'avoir à vous combattre!

— Je sais tout, me dit-elle, et même le duel que vous avez failli avoir avec mon frère. Hélas! tout le tort était de son côté; mais il est de ceux qui se relèvent meilleurs après une faute, et c'est de là que date son estime pour vous. Il tarde à mon père, que ses affaires ont retenu à Paris tous ces temps-ci, mais qui sera ici bientôt, de

vous dire qu'il vous regarde désormais comme
un de ses enfants. Vous l'aimerez, j'en suis sûre ;
c'est un homme d'un esprit supérieur et d'un
caractère à la hauteur de son esprit.

Comme elle parlait ainsi, un bruit de voiture
et les aboiements des chiens au dehors la firent
sauter sur sa chaise.

— C'est lui ! s'écria-t-elle, je parie que c'est
lui qui arrive ! Venez avec moi à sa rencontre.

Je la suivis, tout enivré. Elle m'avait mis le
flambeau dans les mains et courait devant moi,
si svelte et si souple, que nul statuaire n'eût pu
concevoir un plus pur idéal de nymphe et de
déesse. J'étais déjà habitué à voir cet idéal cos-
tumé à la mode de mon temps. Sa toilette, d'ailleurs, était exquise de goût et de simplicité, et
je voulus voir encore un rapprochement symbo-
lique dans la couleur de sa robe de soie chan-
geante, qui était d'un blanc mat, à reflets vert
tendre.

— Voici M. Nivières, dit-elle en me montrant
à son père, aussitôt qu'elle l'eut embrassé avec
effusion.

— Ah! ah! répondit-il d'un ton qui me parut
singulier et qui m'eût troublé, s'il ne fût venu
à moi en me tendant les deux mains avec une
cordialité non moins surprenante : ne vous éton-
nez pas du plaisir que j'ai à vous voir; vous êtes
l'ami de mon fils, le mien par conséquent, et je
sais, par lui, tout ce que vous valez.

Madame d'Ionis et Bernard accouraient; je
trouvai Caroline embellie par le bonheur. Quelques moments après, nous étions tous réunis autour de la table, avec l'abbé de Lamyre, qui était
arrivé dans la matinée, et la bonne Zéphirine,
qui avait fermé les yeux de la douairière d'Ionis
quelques semaines auparavant, et qui portait le
deuil comme toutes les personnes de la maison.
Les d'Aillane, n'étant parents des d'Ionis que
par alliance, s'étaient dispensés d'une formalité

qui, de leur part, n'eût pu sembler qu'un acte d'hypocrisie.

Le souper ne fut pas bruyant. On devait s'abstenir de gaieté et d'expansion devant les domestiques, et madame d'Ionis sentait si bien les convenances de sa situation, qu'elle se contenait sans effort et maintenait ses hôtes au même diapason. Le plus difficile à rendre grave était l'abbé de Lamyre. Il ne pouvait se défendre de l'habitude de chantonner deux ou trois vers de couplet, en manière de résumé philosophique, à travers la conversation.

Malgré cette sorte de contrainte, la joie et l'amour étaient dans l'air de cette maison, où personne ne pouvait raisonnablement regretter M. d'Ionis, et où l'étroitesse d'idées et la banalité de cœur de la douairière avaient laissé fort peu de vide. On y respirait un parfum d'espoir et de délicate tendresse qui me pénétrait, et dont je m'étonnais de ne pas me sentir attristé, moi qui m'étais fiancé à l'éternelle solitude.

Il est vrai que, depuis ma liaison avec Bernard, je marchais à grands pas vers la guérison. Son caractère plein d'initiative m'avait arraché bon gré, mal gré, à mes habitudes de tristesse. En m'arrachant aussi mon secret, il m'avait soustrait à la funeste tendance qui me portait vers le détachement de toutes choses.

— Un secret sans confident est une maladie mortelle, m'avait-il dit.

Et il m'avait écouté divaguer, sans paraître s'apercevoir de ma folie : tantôt il avait semblé la partager, tantôt il m'avait adroitement présenté des doutes qui m'avaient gagné. J'en étais arrivé, la plupart du temps, à croire que, sauf l'inexplicable fait de la bague, mon imagination avait tout créé dans mes aventures fantastiques.

Je trouvai chez M. d'Aillane toute la supériorité de cœur et d'esprit que ses enfants m'avaient annoncée. Il me témoignait une sympathie à laquelle je répondais de toute mon âme.

On se sépara le plus tard possible. Pour moi, quand minuit sonna et que madame d'Ionis donna le signal du bonsoir général, j'eus un sentiment de douleur, comme si je retombais d'un songe délicieux dans une morne réalité. J'avais si longtemps renversé en moi la notion de la vie, prenant celle-ci pour le rêve et le rêve pour la veille, que cet effroi de me retrouver seul était, à mes propres yeux, une sorte de prodige subit, qui ébranlait tout mon être.

Je n'aurais certes pas voulu encore admettre l'idée que je pouvais aimer; mais il est certain que, sans me croire amoureux de mademoiselle d'Aillane, je sentais pour elle une amitié extraordinaire. Je n'avais cessé de la regarder à la dérobée dans les moments où elle ne m'adressait pas la parole, et plus je m'initiais à sa beauté un peu étrange de lignes, plus je me persuadais re-

11.

trouver l'effet produit sur moi par le fantôme
adoré; seulement, c'était une fascination plus
douce et qui me remplissait moralement d'un
bien-être inouï. Cette physionomie limpide inspi-
rait une confiance absolue et quelque chose d'ar-
demment tranquille comme la foi.

Bernard, qui pas plus que moi n'avait envie
de dormir, babilla avec moi jusqu'à deux heures
du matin. Nous étions logés dans la même
chambre, non plus la chambre aux dames, ni
même celle où j'avais été malade, mais un joli
appartement décoré, dans le goût de Boucher,
des images les plus roses et les plus souriantes.
Il n'avait pas plus été question de dames vertes
que si l'on n'en eût jamais entendu parler.

Bernard, tout en m'entretenant de sa chère
Caroline, me questionna sur l'opinion que j'avais
conçue de sa chère Félicie. Je ne savais d'abord
comment lui répondre. Je craignais de dire trop
ou trop peu. Je m'en tirai en lui demandant à

mon tour pourquoi il m'avait si peu parlé d'elle.

— Est-il possible, lui dis-je, que vous ne l'aimiez pas autant qu'elle vous aime?

— Je serais, répondit-il, un étrange animal si je n'adorais pas ma sœur. Mais vous étiez si préoccupé de certaines idées, que vous ne m'auriez pas seulement écouté si je vous eusse fait son éloge. Et puis, dans la situation où nous étions et où nous sommes malheureusement encore, ma sœur et moi, il ne convenait guère que j'eusse l'air de vous la proposer.

— Et comment eussiez-vous pu avoir l'air de me faire un pareil honneur ?

— Ah ! c'est qu'il y a une circonstance singulière dont j'ai été bien des fois sur le point de vous parler, et que vous avez certainement déjà remarquée : la ressemblance étonnante de Félicie avec la néréide de Jean Goujon, dont vous étiez épris au point de prêter ses traits à votre fantôme.

— Je ne me trompais donc pas ! m'écriai-je, mademoiselle d'Aillane ressemble, en beau, à cette statue ?

— En beau !... merci pour elle ! Mais vous voyez, cette ressemblance vous impressionne ; voilà pourquoi je me suis abstenu de vous la signaler d'avance.

— Je comprends que vous ayez craint de me suggérer des prétentions... que je ne puis avoir !

— J'ai craint de vous rendre amoureux d'une jeune personne qui ne pouvait prétendre à vous ; voilà, mon cher ami, tout ce que j'ai craint. Tant que la situation de fortune de madame d'Ionis ne sera pas connue, nous devons nous considérer comme dans la misère. Votre père et le mien craignent que son mari n'ait tout mangé, et qu'en la nommant sa légataire universelle, il ne lui ait fait qu'une mauvaise plaisanterie. Dans ce cas, jamais nous n'accepterons la petite fortune qu'elle veut nous céder et à laquelle nos

droits sont contestables, comme vous le savez
de reste. Je ne l'en épouserai pas moins, puisque
nous nous aimons, mais sans consentir à ce
qu'elle me reconnaisse, par contrat, le moindre
avoir. Alors, ma sœur, sans aucune espèce de
dot, — car ma femme ne serait pas assez riche
pour lui en faire une, et Félicie ne souffrira
jamais qu'elle se gêne pour elle, — est résolue
à se faire religieuse.

— Religieuse, elle? Jamais! Bernard, vous
ne devez jamais consentir à un pareil sacrifice!

— Pourquoi donc, mon cher ami? dit-il
avec un sentiment de tristesse et de fierté que je
compris. Ma sœur a été élevée dans cette idée-
là, et même elle a toujours montré le goût de la
retraite.

— Vous n'y songez pas! Il est impossible
qu'une personne aussi accomplie ne daigne pas
consentir à faire le bonheur d'un honnête
homme ; il est encore plus impossible qu'un

honnête homme ne se rencontre pas pour im-
plorer d'elle ce bonheur !

— Je ne dis pas qu'il n'en sera peut-être pas
ainsi ! C'est une question que l'avenir résoudra,
d'autant plus que, si madame d'Ionis reste un
peu riche, je ne me ferai pas de scrupule de lui
laisser doter ma sœur dans une limite modeste,
mais suffisant à la modestie de ses goûts. Seulement, nous ne savons rien encore, et, dans tous
les cas, j'aurais eu mauvaise grâce à vous dire :
« J'ai une sœur charmante qui réalise votre
idéal... » C'eût été vous dire : « Songez-y!... »
c'eût été vous jeter à la tête une fille beaucoup
trop fière pour consentir jamais à entrer dans
une famille plus riche qu'elle, par la porte de
l'exaltation d'un jeune poëte. Or, le raisonnement que j'ai fait, je le fais encore, et je vous
prie bien sérieusement, mon cher ami, de ne
pas trop remarquer la ressemblance de ma sœur
avec la néréide.

Je gardai un instant le silence; puis, sentant
malgré moi que cette recommandatiou me trou-
blait plus que je ne m'y serais attendu moi-
même, je lui dis avec une sincérité brusque :

— Alors, mon cher Bernard, pourquoi donc
m'avez-vous amené ici?

— Parce que je croyais ma sœur partie. Elle
devait rejoindre, à Tours, mon père, qui lui-
même ne devait venir ici que dans une quinzaine.
Les événements contrarient mes prévisions; mais
je n'en suis pas moins tranquille pour ma sœur,
ayant affaire à un homme tel que vous.

— Êtes-vous aussi tranquille pour moi, Bernard? lui dis-je d'un ton de reproche.

— Oui, répondit-il avec un peu d'émotion. Je
suis tranquille, parce que vous aurez la force
d'âme de vous dire ceci : Une fille de cœur et
de mérite a le droit de vouloir être recherchée
par un homme dont le cœur soit libre, et elle
serait peu flattée de découvrir, un jour, qu'elle

n'a dû sa recherche qu'au hasard d'une ressemblance.

Je compris si bien cette réponse, que je n'ajoutai plus rien et résolus de ne plus trop regarder mademoiselle d'Aillane, dans la crainte de me donner follement le change à moi-même. Je pris même la résolution de partir, pour peu que je vinsse à être trop ému de cette fatale ressemblance, et c'est ce qui m'arriva dès le lendemain. Je sentis que je devenais éperdument épris de mademoiselle d'Aillane, que le rêve de la néréide s'effaçait devant elle, et que Bernard s'en apercevait avec inquiétude.

Je pris congé, prétendant que mon père ne m'avait donné que vingt-quatre heures de liberté. J'étais décidé à ouvrir mon cœur à mes parents et à leur demander l'autorisation d'offrir mon âme et ma vie à mademoiselle d'Aillane. Je le fis avec la plus grande sincérité. Le récit de mes souffrances passées fit rire mon père et pleurer

ma mère. Cependant, quand j'eus assez bien
dépeint cet état de désespoir où j'étais tombé
par moments et qui m'avait fait envisager avec
une sorte de volupté la pensée du suicide, mon
père redevint sérieux, et s'écria en regardant ma
mère :

— Ainsi, voilà un enfant qui a été maniaque
sous nos yeux, et nous ne nous en sommes pas
doutés! Et vous pensiez, ma mie, qu'il nous
cachait sa flamme pour la belle d'Ionis qui est
si bien vivante, tandis qu'il se consumait pour
la belle d'Ionis qui est morte, si tant est qu'elle
ait jamais existé! Vraiment, il se passe d'étranges
choses dans la tête des poëtes, et j'avais bien
raison, dans les commencements, de me méfier
de cette diablesse de poésie. Allons, grâces
soient rendues à la belle d'Aillane qui ressemble
à la néréide et qui nous a guéri notre insensé!
Il faut l'épouser à tout prix, et la demander bien
vite avant qu'on sache si elle aura une dot; car,

si elle doit en avoir une, elle se trouvera trop
grande dame pour épouser un avocat. Pourquoi
diantre madame d'Ionis ne m'a-t-elle pas confié
le soin de sa liquidation? Nous saurions à quoi
nous en tenir, au lieu que ce vieux procureur de
Paris n'en finira pas de six mois. Est-ce qu'on
travaille à Paris? On fait de la politique et on
néglige les affaires!

Dès le lendemain, mon père et moi, nous re-
tournions à Ionis. Notre demande fut soumise à
M. d'Aillane, qui commença par m'embrasser ;
après quoi, il tendit la main à mon père et lui
dit avec une droiture toute chevaleresque :

— *Oui, et merci!*

Je me jetai de nouveau dans ses bras et il
ajouta :

— Attendez pourtant que ma fille y consente,
car je veux qu'elle soit heureuse. Quant à moi,
je vous la donne sans savoir si elle sera assez
riche pour vous; parce que, si elle l'est, je suis

décidé à vous trouver assez noble pour elle
Vous risquez le tout pour le tout. Eh bien, mor-
dieu! j'en veux faire autant et ne pas rester au-
dessous de l'exemple que vous me donnez. Vous
n'avez pas d'ambition d'argent, vous autres;
moi, je n'ai plus de préjugés de noblesse. Nous
voilà donc d'accord. J'ai votre parole et vous
avez la mienne. Seulement, je tiens à ce que ma
fille seule en décide : et vous allez, cher monsieur Nivières, laisser votre fils faire sa cour
lui-même, car son amour est bien nouveau, et
c'est à lui d'inspirer la confiance sur ce point.
Quant à son caractère et à son talent, nous les
connaissons, et il n'y aura pas d'objection de ce
côté-là.

Il me fut donc permis d'être assidu au château
d'Ionis, et ce fut, relativement au passé, le plus
beau temps de mon existence.

J'aimais, dans les conditions normales de la
vie, un être au-dessus de la région ordinaire de

la vie ; un ange de bonté, de douceur, d'intelligence et de beauté idéales.

Elle me fit attendre l'espérance. Elle s'exprimait librement sur son estime et sa sympathie
pour moi ; mais, quand je parlais d'amour, elle
montrait quelque doute.

— Ne vous trompez-vous pas, disait-elle,
et n'avez-vous pas aimé avant moi, et plus que
moi, certaine inconnue que mon frère n'a jamais
voulu me nommer?

Un jour, elle me dit :

— Ne portez-vous pas là, au doigt, une certaine bague qui est pour vous un talisman, et, si
je vous demandais de la jeter dans la fontaine,
m'obéiriez-vous?

— Non certes! m'écriai-je, je ne m'en sépa-
rerai jamais, puisque c'est vous qui me l'avez
donnée.

— Moi! que dites-vous là?

— Oui, c'est vous! ne me le cachez plus.

C'est vous qui avez joué le rôle de la dame verte
pour satisfaire madame d'Ionis, qui voulait vous
faire décréter sa ruine et qui croyait trouver en
moi la personne digne de foi dont son mari
exigeait le témoignage. C'est vous qui, en cédant
à sa fantaisie jusqu'à m'apparaître sous un aspect fantastique, m'avez tracé mon devoir con-
formément à la délicatesse et à la fierté de votre
âme.

— Eh bien, oui, c'est moi! dit-elle ; c'est moi
qui ai failli vous rendre fou et qui m'en suis
cruellement repentie quand j'ai su, tardivement,
combien vous aviez souffert de cette aventure
romanesque. On vous avait, une première fois,
éprouvé par une scène de fantasmagorie où je
n'étais pour rien. Quand on vous vit si courageux, plus courageux que l'abbé de Lamyre, à
qui Caroline avait joué, pour se divertir, un tour
semblable, on s'imagina pouvoir vous régaler
d'une apparition qui n'avait rien de bien ef-

frayant. Je me trouvais ici secrètement, car la douairière d'Ionis ne m'y eût pas soufferte volontiers. Caroline, frappée de ma ressemblance avec la nymphe de la fontaine, s'imagina de me coiffer et de m'habiller comme elle, pour me faire rendre mon oracle, qui ne fut pas conforme à ses désirs, mais auquel vous avez religieusement obéi, sans oublier un seul instant le soin de notre honneur. Je partis le lendemain matin, et on me laissa ignorer ensuite que vous aviez été gravement malade ici, à la suite de cette apparition. Quand vous eûtes une querelle avec Bernard, j'étais à Angers, et c'est moi qui vous renvoyai la bague que je vous avais fait trouver dans votre chambre. Cette circonstance avait été inventée par madame d'Ionis, qui possédait deux bagues pareilles, fort anciennes, et qui avait tout disposé pour notre roman. C'est elle qui vous l'a reprise ensuite pendant votre fièvre, dans la crainte de vous voir trop exalté par cette apparence de réalité, et préférant vous laisser croire que vous aviez tout rêvé.

— Et je ne l'ai pas cru! jamais! Mais comment aviez-vous repris possession de cette bague qui n'était pas à vous?

— Caroline me l'avait donnée, dit-elle en rougissant, parce que je l'avais trouvée jolie!

Puis elle se hâta d'ajouter :

— Quand Bernard vous eut confessé, j'appris enfin par quels chagrins et quelles vertus vous aviez mérité de revoir la dame verte. Je résolus alors d'être votre sœur et votre amie pour réparer, par l'affection de toute ma vie, l'imprudence où je m'étais laissé entraîner et vous dédommager ainsi des peines que je vous avais causées. Je ne m'attendais guère à vous plaire autant au grand jour qu'au clair de la lune. Eh bien, puisqu'il en est ainsi, sachez que vous n'avez pas été seul malheureux, et que...

— Achevez! m'écriai-je en tombant à ses pieds.

—Eh bien, eh bien..., dit-elle en rougissant encore plus et en baissant la voix, bien que nous fussions seuls auprès de la fontaine, sachez que j'avais été punie de ma témérité. J'étais, ce jour-là, une enfant bien tranquille et bien gaie. Je sus très-bien jouer mon rôle, et mes *deux sœurs*, Bernard et l'abbé de Lamyre, qui nous écoutaient derrière ces rochers, trouvèrent que j'y avais mis une gravité dont ils ne me croyaient pas capable. La vérité est qu'en vous voyant et en vous écoutant, je fus prise moi-même de je ne sais quel vertige. D'abord, je me figurai que j'étais réellement une morte. Destinée au cloître, je vous parlai comme séparée déjà du monde des vivants. La conviction de mon rôle me gagna. Je sentis que je m'intéressais à vous. Vous m'invoquiez avec une passion... qui me troubla jusqu'au fond de l'âme. Si vous voyiez ma figure, je voyais aussi la vôtre... et, quand je rentrai dans mon couvent, j'eus peur des vœux que je devais prononcer, je sentis qu'en jouant à m'emparer de votre liberté, j'avais livré et perdu la mienne.

En me parlant ainsi, elle s'était animée. La timide pudeur du premier aveu avait fait place à la confiance enthousiaste. Elle entoura ma tête de ses beaux bras longs et souples et m'embrassa au front, en disant :

— Je te l'avais bien promis que tu me reverrais! J'étais navrée en te faisant cette promesse que je croyais trompeuse, et, pourtant, quelque chose de divin, une voix de la Providence me disait à l'oreille : « Espère, puisque tu aimes! »

Nous fûmes unis le mois suivant. La liquidation de madame d'Ionis, devenue madame d'Aillane, n'était pas terminée, quand éclata la Révolution, qui mit fin à toute contestation de a part des créanciers de son mari, jusqu'à nouvel ordre. Après la Terreur, elle se retrouva dans

12

une situation aïsée, mais non opulente : j'eus
donc la joie et l'orgueil d'être le seul appui de
ma femme. Le beau château d'Ionis était vendu,
les terres dépecées. Des paysans, égarés par un
patriotisme peu éclairé, avaient brisé la fontaine,
croyant que c'était la baignoire d'une reine.

Un jour, on m'apporta la tête et un bras de
la néréide, que j'achetai au mutilateur et que je
garde précieusement. Ce que personne n'avait
pu briser, c'était mon bonheur de famille; ce
qui avait traversé, ce qui traversa toujours, inal-
térable et pur, les tempêtes politiques, ce fut
mon amour pour la plus belle et la meilleure des
femmes.

FIN

TABLE

FIN DE LA TABLE

IMP. EUGÈNE HEUTTE ET Cᵉ, A SAINT-GERMAIN.

www.ingramcontent.com/pod-product-compliance
Lightning Source LLC
Chambersburg PA
CBHW070619100426
42744CB00006B/540